聖光学院・斎藤智也のセオリー

価値観をそろえ負けない法則60

田尻賢誉
Masataka Tajiri

ベースボール・マガジン社

聖光学院・斎藤智也のセオリー

聖光

人間はいかにあるべきか。その価値観を共有して戦うのが聖光学院の強み。写真は2022年夏の甲子園1回戦日大三戦での試合前ノック

斎藤智也のセオリー1

徹底したミーティングで価値観をそろえ、共通言語をつくる

「命がけで戦う」

昭和は遠い昔。平成も終わり、令和の時代になっても、聖光学院では当たり前のようにこのフレーズが飛び交う。今の高校生どころか、大人でさえ口にしない言葉がなぜ自然と出てくるのか。それは、斎藤智也監督の教育があるからだ。

斎藤監督は高校野球を〝修行〟と表現する。武士道ならぬ、〝野球道〟だとも言う。自分の欲望のために生きない。自己犠牲の精神を持ち、誰かを喜ばせるために生きる。そんな選手が集まれば、強い組織になると信じているからだ。

「選手らに力がないから、何で補うかとなると野球道だろうと。野球道っていうとベースボールじゃ

ない。日本人の野球はどうあるべきかというと、戦時中の戦だったり、特攻隊だったり、命がけで戦う真剣勝負になってくる。〝試し合い〟の試合ではなくて、生きるか死ぬか2分の1で戦うということ」

野球道を追求すると、日本人の歴史を勉強したくなるという斎藤監督。ミーティングには、特攻隊をはじめ、宮本武蔵、徳川家康、西郷隆盛、山岡鉄舟ら歴史上の人物が数多く登場する。もちろん、選手たちは初めはちんぷんかんぷんだ。聖光学院といえば、戦後最長の13年連続夏の甲子園出場を記録した甲子園常連校。入学時の選手たちは「聖光学院に入れば甲子園に行ける」と思っている。ある意味、欲のかたまりといってもいい。

「未熟な段階だと自分のために野球をやるよね。『オレが目立ちたい』『オレが甲子園に立ちたい』『マスコミに取り上げられて、将来プロに行って金を稼ぐんだ』とか、勝手なこと言っとけこのヤローみたいなことを平気で思って入ってくる」

そんな未熟な子供たちが、3年生の夏を迎えるまでにどうしたら「チームのために命がけで戦う」と言うようになるのか。答えは一つ。ミーティングだ。斎藤監督が監督に就任して以来、一貫して行っているのが長時間のミーティング。さすがに近年はないが、就任当初は年間の練習時間の3分の1をミーティングに費やしていた。「アップのやり方が気に入らねぇ」と言って4時半から8時まで説教したこともある。とにかく、話が長いのだ。

多くの指導者が技術練習を優先するなか、なぜミーティングを重視するのか。それは、価値観をそろえるためだ。入学時の選手たちは聖光学院の指導者が言う話にまるでついてくることができない。聖光学院の選手としてどうあるべきか。高校野球はなぜ修行でなければいけないのか。育成チーム、Bチームの時代からそれぞれの担当指導者が懇々と話をする。

「マスコミも高校野球だけ加熱してるじゃない。それに関してオレはアンチなんで。なんで高校野球を異常なほどに取り上げて、盛り上げようとするのか。たかが高校野球、ただの部活動。それが原点なんだよね。確かに勝つというのはあるかもしれないけど、勝った、負けたに気持ちを奪われないようにしなきゃいけない。帰宅部でもいいのに、遅くまで練習して、何かの目的に向かっていくんだったら、目的を整理しなきゃいけない。戦うのにふさわしい人間にならなかったらいけない。『こいつと野球やったって、絶対勝てねぇよな』っていう未熟者もいるわけだけど、最後は野球やるのにふさわしい人間に成長させて卒業させてやらなきゃいけない。部活動をやって、選手を育てる。これが絶対的な根底にあるよね」

高校野球を修行にするために価値観をそろえるミーティング。斎藤監督のミーティングの特徴がプリントを配っての講話だ。２年生の冬に学年別でチームを組むと一気に時間が増える。『運命を変える！』『運を呼び込む生き方』『戦わずして勝つ!!』という定番のＡ３サイズの３枚に加え、随時、題材となるプリントが配布される。

「オレが見て感動して『これは絶対ためになるな。勝負に活きるな』というのは渡してるね。神渡良平、中村天風、安岡正篤……。人生哲学の本の影響はすごく受けたよね。日本一、日本一って思えば思うほどもっと野球道を追求しなきゃって思うようになった。選手をスカウトしねぇんだから、心の能力、魂の能力をもっと武士みたいにしていかないと（強豪私学には）到底追いつかねぇなって。その気持ちが高まっていったから、どんどんオレの勉強も、プリントの内容も濃くなって進化していったのはあると思う。2010年から11年ぐらいがピークかもしれないね」

プリントには斎藤監督が読んだ本のお気に入りの部分が貼り付けられている。高校生には難解な文章だが、時間をかけ、丁寧に説明する。

「ミーティング時間を活用して、一節か二節。毎日3分の1ぐらいずつ読んで、1週間で3枚のプリントがひと回りするぐらいの感じかな。読んで解説もするけど、辞書で調べさせて『自分で文章の中身がつながるようにしなさい』と。『これ100回読んだら甲子園だ』なんて冗談で言うけど、本気で読むよね。オレの渡すプリントが甲子園の契約書みたいなもんだと思ってると思う。これを愚直に読み続ける、理解する、体に落とし込む、体が覚える。そういう生き方ができる人間は人格が変わる。世の中に起こったことは全部必然なんだから、全部受け止めるということもだんだんわかってくっと思うんだよね」

斎藤監督が言っていることは、『運命を変える！』と題された1枚目のプリントに書かれている。

『「何が起ころうと人生に不都合なことはない」。こう捉えられるようになると、人生はがらりと変わって、魅力に満ちてくる。目に見えない導きの糸を信じると、不安にかられたり、卑屈になることがなくなり、事の展開を素直に受け入れられ、味わえるようにさえなるのだ。すべての結果を受け入れる。その中で、いま自分がやれることをやる。そこに、自分の人生の主人公になれる秘訣がある』同じことをくり返し教える。くり返し読ませる。継続して毛穴から浸透するぐらいになれば、このような話が理解できてくる。すると、試合の中でもあたふたしなくなる。

「ノーアウト一、二塁でピッチャーライナーでトリプルプレーになった。そのときにケロッとしてられるかどうか。『あれさえなかったらなぁ』なんて思って守ってると、チャンスのあとにピンチがくっからね。チャンスのあとのピンチは精神的なもの。選手にそれを訊くと答えるよね。『引きずってるような鍛えられてないチームは、次の回に点数取られるようになってます』って。年がら年中言ってるわけじゃないけど、不動心、前後際断を教え込む。1時間ぐらいかけて細かくきちっと解説すれば、プリントで読んでることと、普段の練習中や試合中のミーティングで言ってることがいい意味で重なり合っていく。そうやって人格が変わってくれば、ひるまないし、気持ちは常に前向き、プラス思考になる」

ただ、まだこれは序の口。冬の勉強会では「宇宙の仕組み」について3時間かけて説明することもある。

「地球の自転速度や公転速度を計算させるんだけど、『地球って時速1667キロで自転してるんだよ。そうは感じないよな？　すごいと思わねぇか？』『すごいっす』。こういうことやってるのが楽しいよね。『公転速度は時速10万7000キロ。飛行機がどれだけ飛ばしたって時速1000キロだぞ、それよりも100倍速い。信じられないよな？　そこに住まわせてもらってるんだ』とか。感性を養うっていうのが一番だね。昔は『お父さんとお母さんがご縁があってお前らは人間に生まれてきた』なんてよく言ってたけど、最近はあまりくどく言わないね（笑）」

この他にも、稲盛和夫の『成功の方程式』や、松下幸之助の話、知人でもある物理学者の志村史夫の論説文などあらゆる話を紹介したり、読ませたりしている。

「たった2年3カ月しかないうち、オレとかかわれるのは9カ月しかないわけだから（セオリー7）。今日やったことは今日肥やしになって、変われる材料になった、今日成長できたなってなっていかないと時間がもったいない。そういうふうに常にありたいし、最高の寺子屋にしたいといつも思ってるよね」

まさに、ここまでやるかというぐらいの徹底ぶりだが、実は、斎藤監督も一度だけミーティングの手を抜いた年がある。それが、06年。前年の05年は「今年甲子園に行けたら、向こう10年続くぞ」とスタッフ間で冗談を飛ばしていたほど力のないチームでの優勝。06年は「今のチームにいてもレギュラー」という強力なバッテリーがおり、戦力に自信があるチームだったことで色気が出ていた。

「（バッテリーの）二人がいるから甲子園で勝ちまくってやるみたいな思いが強かった。言わなくてもわかってるだろうと思って、ミーティングの時間が減ったんだよね。ところが、夏の大会前になったら、選手らはもう急に焦り始めた。試合ではパニックでエラーが多くなって、悪送球で走者一掃とか、走塁でも飛び出して挟まれるとか。『何してんだ、こいつら』ってなった。焦ったら連鎖反応でとどまることを知らない。修正がきかない」

甲子園で勝つどころか、まさに不動心とは正反対のプレーが出て、3回戦で福島東に6対8でまさかの敗退となった。

「この代は甲子園は堅いと思ってたから、もっと力をつけようと思ってオレに浮気心が出た。野球に特化する意識が出て、ミーティングをサボった。核心の部分を懇々と説いてきたのに、これをサボったら、最後は力が発揮できなかった。まさに、自分に負けた。敗北だよね。これで深い反省を強いられて、もう一回07年からねじを締め直した。くどいようだけど、段階を追って一つひとつ教えていくようにした。人間はいかにあるべきか。それを何回も確認するようにしたよね」

ミーティングで精神面から鍛えていく原点を忘れてはいけない。指導者が手を抜けば、必ず結果となって表れる。それを実感した。逆にいえば、価値観がそろっていると監督と選手が「同じ優先順位で行動する」ことができるため、少しぐらい能力が劣っていても、組織力を強化することが可能になることが改めてわかった。能力がなくても、価値観がそろっているほうが急なアクシデントやミスに対応できる。組織にとって大切なのは、優秀な人材を集めることでも、技術を高めることに特化することでもない。価値観を合わせる教育に力を入れることなのだ。

「プリントの使い方はキャプテンの判断に任せるんだけど、赤堀（颯、2022年のキャプテン）なんかは7月の練習前に『監督さん、練習前に10分ください。プリント読みたいんです』って言ってきた。『いいじゃん。やれ、やれ。練習より大事だ』って言ったんだけど、選手間で『次に入る言葉はなんでしょう』とか『この言葉のあとに続くキーワードはなんでしょうか』とかQ&A方式で仕上げたよね。そんなことやったキャプテンはいないよ。それを見てたから、オレも『わかってるだろうな』と思えた。疑いがなかったし、信頼できたよね」

まさに監督と選手の価値観がそろい、共通言語が生まれた状態で戦うことができた。一人もぶれることなく、全員が同じ方向を向くことができた。斎藤監督の求めていた一体感が生まれたことが、過去最高の夏の甲子園ベスト4進出につながった。

「もっと効率を求めて、もっと楽をする方法もある。よく浮気しないでやってきたなって思うよね。地道にやってきてよかったなって思う。野球選手はプレーヤーである以前にどれだけ研ぎ澄まされた人間になるか。どこまでの人物に成長するか。これだけを求めてきちっとやってれば、あとはサイは投げられたで任せるだけだから」

大会に入るまでに、考えられることはすべてやる。やるべきことをやりきる。まさに、人事を尽くして天命を待つ状態をつくれるかどうか。それが、チームを預かる長としての仕事なのだ。

「こいつらといっしょに夏の大会を命がけで戦って、負けたらしょうがない。『こいつらで負けるなら万々歳。泣きながらでも、100パーセント笑顔で抱擁してやろう』って思って大会に入るのが、オレのゴールなんで。このやり方でやり続けるエネルギーがなくなったら、オレは監督引退だと思ってる」

聖光学院は能力が高い選手がそろっているから成果が出ているわけではない。価値観が同じ人たちがプレーするから成果が上がるのだ。個々の能力はとびぬけていなくても構わない。実力はそれなりでも、部員全員の心が一つにそろっていれば、困難なことでも乗り越えることができる。

「弱者は、時間と手間をかけて部員教育する以外に勝ち続ける方法はない」

本質を理解した価値観教育の鬼。それが、斎藤智也なのだ。

目次

第4章　戦い方、采配　

デザイン　神田昇和
写真　ベースボール・マガジン社
校閲　永山智浩

第1章

強い組織をつくる

斎藤智也のセオリー 2

選手間ミーティングで考えさせる

〝選手間〟。

そう言われても、他校ならなんのことかわからないだろう。これこそ、聖光学院の共通言語。選手間ミーティングのことを指す。指導者を入れず、選手たちだけで話し合うミーティングだ。横山博英部長が「選手間ミーティングと僕らのミーティングがウチの肝だと思ってる」と言うぐらい聖光学院にとっては欠かせないものになっている。

グラウンド立ち入り禁止（セオリー31）など、チームがうまくいっていないとき、チーム内に問題があるときに主に行われるが、キャプテンを中心に話し合う場合と部員全員が1対1でじっくり話し合う場合の2種類がある。長いときは3～4時間続くことも珍しくない。横山部長は言う。

「よくなるチームはやっぱり自分たちでミーティングができますよね。そうじゃないチームは結局、ミーティングが議論じゃなくて確認だけで終わってる。ミーティングって議論という意味もあるじゃないですか。だから、ティーチングとミーティングの違いの話もします。本当は僕らも一人ひとりと細かく喋りたいけど、人数的な問題があってなかなかそれはできない。全体ミーティングでありながら授業みたいにティーチングではないよ、一人ひとりに話してるんだよって。指導者のミーティングだってそうなんだから、選手間ミーティングなら、キャプテンのティーチングじゃなくて、もっともっと議論であってほしい。最初はそれができないから、AチームよりもBチームや育成チーム、学年別なら下の学年のミーティングのほうが長いかもしれないね」

選手たちだけでどんな話ができるのか。その内容のレベルがそのままチームの強さに直結する。斎藤監督は言う。

「ダメなときは『最近、部室が汚いんで身のまわりの整理整頓しっかりしましょう』『よし』。『他にある人?』『今日、監督さんがこう言われたけど、それじゃダメだと思うから、そこを直していきましょう』『はい』という感じ。これじゃどうもなんない。ディスカッションじゃなきゃダメだよね。ディスカッションにならないと、本当の選手間とは言えないから。機械的に何か喋んなきゃいけないなら、やんないほうがいい。反省で『ゴミを拾いましょう』とかいう話が出るようなら、レベルは相当低いよね。そんなのは反省点に出ないところであって、もっと深いレベルでお互いの存在感が生まれたり、影響を及ぼし合ったり、魂を揺さぶるような話し合いであってほしいよね」

確認の場ではない。想いをぶつけ合う場。それが、聖光学院の選手間ミーティング。夏の甲子園でベスト4に進出した代は、こんなことがあった。新チームになってすぐの秋の県北大会準決勝でのこと。試合の勝敗は関係なく県大会出場は決まっていたが、ふがいない内容だった。試合後、キャプテンの赤堀颯が斎藤監督に選手間ミーティングの開催を希望した。

「控え選手がこれだけ一生懸命やってくれてるのに、試合に出てる選手は何やってんだ。出てるヤツらがやらないと甲子園なんて無理だ」

話している間にあふれた涙がポロポロとこぼれた。捕手の山浅龍之介（現中日）曰く「ギャン泣き」状態で、赤堀は選手たちに訴えかけた。このときのことを赤堀はこう言う。

「あの試合のあと、監督さんに『負けていい。勝つ資格ない』って言われたんです。本心で言ってない。自分たちをあおるために言ってるんですけどね。自分は、どんな試合しても、どんなことを言われてもこのチームで負けたくないっていう想いが強かった。だから、『今日も生き延びて、また明日もこのメンバーで試合ができる。誰がミスしても、最後は負けんとこう』と。あの秋は初めての公式戦でみんなメンバー入りをかけてやってたんです。でも、大会になると（チームが）二つに分けられる。サポートに回る選手が出るじゃないですか。それで空気が悪くなると思ったんですけど、控え選手は本当に大人になってサポートしてくれた。あいつらの分まで勝たないといけないと思ったんです。それと、秋までBチームで部長と家族同然でやってきて、そのあゆみを終わらせたくなかった」

必死に訴えかける赤堀の姿を見て、山浅は「ヤバい。泣かせちゃった。これはちゃんとやらないと」

と気合が入ったという。県大会前に全員が気を引き締め直したことが東北大会準優勝へとつながった。斎藤監督は言う。

「オレは選手らが成長するためのエサまきはいっぱいする。でも、オレがアドバイスしたことだけが議題になるなら、オレを超えることはできない。もらったテーマが叩き台になって、選手らの中で話が発展していく。そうやって一つのチームになって、一人ひとりがかけがえのない存在、チームの細胞になって『こいつがいなきゃダメだ』ってチームをつくったときに、絶対感動があるわけだから。自分たちで最高の組織をつくるという意識だよね。一人ひとりが縁で結びついた最高の存在であること。決して偶然ではない必然の出会いであることを忘れたらいけない。何かあったらチームに自浄作用が働くようにならないと。その過程でケンカに発展するときもあるだろうし、いがみ合いもあるかもしれねぇけど、目に見えないところでチームの付加価値をどれだけつくれるか。それができれば、最高の武器になるんだからって言うよね」

なぜ選手たちだけで長時間話し合うことができるのか。それは、普段のミーティングで斎藤監督、横山部長はじめ指導者が価値観を伝えているから。共通言語をつくっているから。ある意味、選手たちだけで話せるようにするため、普段のミーティングがあるともいえる。赤堀が言っていた。

「自分はイエスマンにはなりたくなかった。監督や部長が投げてくれたボールを必ず落とさずキャッチして、もうちょっと大きいものにして返す。それを大事にしてました。想いを持つことが言葉を出してくれる。喋れないヤツは考えてないんです。頑張ってない証拠だと思います」
言葉にできるは武器になる。言葉にできることが、聖光学院の見えない強さなのだ。

斎藤智也のセオリー3

スカウティングはしない

選手を集めたもん勝ち――。

これが高校野球の現状だ。各校の指導者が全国を駆けずり回って中学生を視察し、学費免除、寮費免除などの条件をつけて勧誘する。特別な選手になると中学2年生のうちに進路が決まっていることもある。だが、聖光学院はスカウティングをしない。斎藤監督が中学生勧誘に動いたのは監督に就任して間もない頃の数名のみ。それも地元の選手だ。

「部長のときもやってないよね。ボーイズの東日本大会とかの案内は来るから、コーチが行って名刺を配ったりはある。でも、オレが指示して派遣したことはない」

実際にこんなことがあった。のちにドラフト1位でプロ入りする投手がオープンキャンパスの練習参加に来たときのこと。横山部長が「監督がひと声かければ決まりですよ」と声をかけることを勧めたが、斎藤監督は練習する態度を問題視。「ホントにウチに来たいのか？　タラタラやってたぞ」と誘いの言葉をかけなかった。わざわざ体験入部に来てくれている選手であっても、こんな感じなのだ。

横山部長は苦笑いでこう言う。

「選手を獲ってくることに関して、監督は積極的じゃない。そのわりに『ピッチャーがいない』と言ってるけど（笑）。監督が動けば来るのにね」

スカウティングをして選手を集めれば、もっと勝てるようになるのは間違いない。それは事実だからだ。実際、甲子園に初出場した２００１年の夏は明豊に0対20の大敗。心を重視する斎藤監督も、心だけではどうにもならない技術の差を痛感させられた。

「オレは選手を商品と見たら終わりと思ってる。でも、最初に甲子園に行ったとき、ちょっとそう見える感覚がわかった。そのあと、『お前らみたいな福島の県北レベルの選手でどうやって甲子園行くんだよ』とか『甲子園レベルどころか東北レベルの選手もいねぇ。甲子園じゃ勝負になんねぇよ』とあおって、いじめっ放しだったから。子供らには耐え難い言葉もいっぱいあったと思うよね」

それでも、ぶれずに動かないのには斎藤監督のポリシーがある。

「高校野球の過剰報道とか過熱ぶりに半分嫌気さしてるんだよね。本当にそう思ってる。だとすると、オレが選手を獲りに行けば矛盾するじゃない。いろんな問題も起きる。部活動なんで、来たヤツを一生懸命育てて、人間的に成長させて、そいつらで戦うということ。スカウティングしてまで結果をほしがると、集まってくる選手を商品化して見るように勘違いしちゃうんだよね。もっと強くしたいという思いから、一人ひとりの人間じゃなくて、商品の質をもっと高めようと勘違いしてしまう。来てくれる人が人間じゃなくて商品に見える。その結果、選手と心が通わなくなる。そうなったら終わりだから」

22年夏の四番打者・三好元気は、中学時代は控え。22年のキャプテンで一番・ショートの赤堀颯は九番・レフトだった。

「そういうヤツらは地元から声がかからず、スーパー（特待生）で入れない。でも、甲子園に行きたいから聖光学院でという熱い気持ちを持って来る。（中学時代に実績があり、勘違いして）赤いじゅうたんに乗っかってくるヤツもいるけど、自分の意思で来たわけだから。選手に逃げ道が少ない分、料理するのは簡単。余計なことで気を使う必要もない」

いいと思って声をかけた選手が順調に伸びるわけではない。ケガをすることもあれば、思うように体が大きくならず、中学時代に成長が遅れていた選手に抜かれることもある。

「『獲った選手は使わなきゃいけない』っていうのは監督の中には絶対あるんで。その時点でもう平等じゃないよね。水面下では『なんであの子がレギュラーなの？』とか『なんでうちの子がレギュラーじゃないの？　特待生で獲ってもらったのに』とか『監督が獲りたいと言ってくれたのに』とか、そういう話が親の中でも選手の中でも錯綜する。きれいごと言ってもまかり通らないよね。必ずいざこざが起こるし、嫉妬が絶対出てくる」

スカウティングをすれば自分自身に余計な感情が生まれ、チームづくりに影響が出るかもしれない。その可能性をゼロにしたいのだ。とはいえ、勝負の世界でスカウティングをするのは常識。08年夏の甲子園準々決勝で横浜に1対15と大敗したあと、横山部長は横浜の小倉清一郎部長（当時）にはっきりとこう言われている。

「聖光はよくやってる。でも限界だよ。県内のいい選手はごっそり獲れ。足りないところは他から持ってこい。じゃないと、ここから上は無理だぞ」

甲子園でベスト8より上に行きたいなら、スカウティングしなければ不可能。小倉部長の言う通り、これは真実だ。だが、果たしてそれでいいのか。横山部長はその夜のミーティングで選手たちに小倉部長に言われたことをそのまま話した。

「負けた日のミーティングなので選手らもかなり感情が高まってたと思うけど、『今のやり方で日本一を目指してください』と選手に泣いて訴えられたんだよね。スカウティングをしないのにはそういう背景もある」

斎藤監督は監督就任時、学校から「3年で甲子園出場できなければクビ」という条件をつけられた。スカウティングをしている時間はない。現有戦力でどう戦うかしかなかった。斎藤監督就任時からコンビを組んでいる横山部長は言う。

「そのとき、監督と喋ってたんです。『獲って強くするんじゃない。集めるんじゃなくて、集まってくるようなチームをつくろう』って。その考え方がスタート段階からある。そうやっていて全然甲子園に行けませんという状況なら方針転換もあったかもしれない。正直、甲子園に行ってもすぐ負けて帰ってくるというのはあるし、福島のレベルだからと言われるかもしれないけど、甲子園には行けてる。だから、大きく方針転換する理由はないよね」

来てもらうのではなく、来てくれた選手を大事にする。選手を獲得することではなく、育てることに時間を割くのが聖光学院のスタイルだ。横山部長は続ける。

「選手集めに毎週のようにグラウンドをあけるのであれば、今いる選手たちと呼吸を合わせていきたい、同じ空気を吸っていたいというのが正直なところ。今までの経験上、やるべきことをちゃんとやったら戦えるチームになるという成功体験が聖光学院には間違いなくある。だから、そっちを大事にしたい。現場にいる選手たちを鍛え上げて、成長させれば戦えるというのを20年ぐらい続けているわけだから。現場を放り投げて選手集めに行く理由が見つからない」

岡野祐一郎(現中日)は中学時代、公式戦登板はほとんどなく、練習試合でも四番手の敗戦処理。船迫大雅(現巨人)は中学の軟式野球部で三番手。入学時は身長160センチ程度で体重は40キロ台。最速でも115キロだった。中学時代は無名でも、鍛えて成長させる。〝叩き上げ〟の成果が甲子園出場やプロ入りにつながっているのだ。斎藤監督は言う。

「選手と親が『本当にここで野球をやってよかった、素敵な場所だ、最高のスタッフに恵まれた、人間的に成長した、仲間とも協調し合えた』と言って卒業していくことが一番の教育効果だと思うんだよね。だから、その邪魔になるものはいらないということ。それで甲子園に行けなくなっても、オレは別にそれでもいいと思って昔からやってきた。ところが、答えは逆。一番甲子園に行ける学校になっている。やっていることは正しいんだなと」

もちろん、勝つにこしたことはないが、勝つことがすべてではない。なりふり構わずスカウティングをするぐらいなら、勝たなくてもいい。甲子園がすべてではない指導スタイルが、日本一甲子園に出ることにつながった。

「100パーセント、マックスで部活動をやって、卒業したあと、『聖光学院で野球をやってよかった』と思ってもらえるようにしたい。その結果、一燈照隅じゃないけど、社会に出てからちょっと周りに影響を及ぼせるような人材に育っていって、日本がよくなったらいいと思ってます」

獲るより、育てる。来てくれるかわからない選手より、来てくれた選手に時間を使う。それが、聖光学院なのだ。

斎藤智也のセオリー **4**

技術ではなく、心で勝負する

「3年で甲子園に行け。行けなければユニフォームを脱いでもらう」

1999年9月。36歳の斎藤監督が監督に就任したときに言われた言葉がこれだった。12年間も部長を務めてきて、与えられたのはたったの3年。しかも、当時の聖光学院は一度も甲子園に出たことのない学校だ。実現は現実的ではなかった。

「1000日後に甲子園に行けるというよりはユニフォームを脱ぐというのが当時の常識。日大東北や学法石川が強かった時代だし、3年だから現有戦力しかない。その中でウチが一気に甲子園が叶うかといったら、どう考えても無理だろうというのが前提にあった。ただ、ユニフォームを脱ぎたくない。それだけだったよね」

スカウティングをしていては間に合わない。今いる選手で戦うしかない。だからといって、他校の倍の練習をしても限界がある。斎藤監督が目を向けたのは、技術ではなく、心の部分だった。

「打った、投げた、走ったでは到底及ばない。こんなピッチャー、こんなバッター、この程度の田舎のあんちゃんたちの集まりで甲子園に行けるわけがねぇだろうって思った。戦力で勝つんじゃなくて、一人の男として勝負できるようになっていかない限り、奇跡は起こせない。3年で甲子園に行くのは奇跡だと思ったんで。技術や体力を磨いても限界があるけど、心は無限。だから、心を鍛えるしかないっていう答えが出るのは早かった。無限のものに目を向ければなんとかなるんじゃないかって。ピンチでもチャンスでも、相手が『なんでこいつら動じないんだ?』『なんでこいつら潔いんだ?』『なんでビビんないんだ?』ってびっくりするぐらい、一切変わらないチームをつくる。そうしない限り、3年の奇跡は起こせないと思った」

心の教育をするためには、自らが学ばなければいけない。監督に就任すると、貪るように本を読んだ。

「選手に信頼されないような人間だったら、グラウンドに立つことはできない。信頼される人間になろうと思った。監督としては勉強不足だと思ったから、練習出ないで本読んでたね(笑)。もっと自分のキャパを広げないといけない。自分の指導者としての資質を向上させないといけない。野球道を標榜している監督に近づかないといけない。36(歳)の若造だけど、いざ選手に指導するとなったら、野球を教える指導者というよりは、人間を教育する指導者というスタートラインに立ちたいと思ってたから。『今日で1パーセントでも自分の人間力を向上させよう』と思いながら、時間があると本を読み始めたよね」

午後3時半に授業が終わるとすぐに読書。ウォーミングアップをする選手を横目に、付箋を貼ったり、線を引いたり、メモをしたりしながら読み続けた。読んだ本は中村天風、安岡正篤、稲盛和夫……。人間学や人生哲学など野球以外の本ばかり。気づけば5時になり、「選手に申し訳ない」とあわててグラウンドに飛び出す毎日だった。数ある本の中で斎藤監督がもっとも感銘を受けたのが、神渡良平の書いた『安岡正篤　人生を拓く』。涙を流しながら読んだという斎藤監督は、その中の感動した部分を切り貼りしてプリントにまとめ、選手たちに配布。自ら解説していった。

その1枚目。最初の項目こそ、斎藤監督がもっとも伝えたい部分。チームのモットーであり、バックネットにも掲げてある〝不動心〟について書かれている。前監督も〝不動心〟という言葉を使っており、斎藤監督もわかっていたつもりだったが、本当の解釈は違うことに気づかされた。

「『何が起きても動じない心』じゃなくて、『全部自分に因果関係があるから起こっている。人を恨んでも自分が損するだけ。すべてのことを受け入れること』、『人間の成長過程にある幸不幸のすべてを前向きに受け入れられる心を養うこと』なんだよね」

この本の中に四国88カ所を歩き終えた著者である神渡が〝お大師さん〟の気持ちを感じる部分がある。

〈この暑い盛り、なぜお前をこの苦しい修行に呼び出したのか。それはただ一つだ。頭でっかちにな

ってほしくなかった。体で心で感じてほしかった。それでこの荒行に呼び出したのだ〉

さらに、神渡の中に森信三の言葉が浮かぶ。

〈人間は一生の間に会うべき人に必ず会わされる。それも一瞬早すぎもせず、遅すぎもしないときに〉

これらの言葉を受け、神渡はこう書いている。

〈どんな出来事が起ころうと、すべては御仏の手の中で起こっていることであって、私たち一人ひとりにはしっかりと眼差しがかけられていて、ここぞというとき、一人の人物や一つの出来事を通して、目から鱗が落ちるような気づきを与えて、ワンランク上の人生が開けていくようにしてくださっている。そう思えたときに人生怖いものはない。何が起きようとも受けて立とう、これも必要だから起きているのだと思えるようになる。そこからものに動じない心が生まれてくる――〉

最後の部分がまさに不動心のこと。斎藤監督がうまく表現できなかった、求めていた答えがあった。不平不満を言わず、受け入れる。不都合なことも肯定できるようになれば、不安になったり、卑屈になったりすることがなくなる。その中で自分ができることをやれば、そこに人生の主人公になれる秘訣がある。そう説いていった。

「どんなことも不動心で受け止める、受け入れる。でも、高校生にとって一番苦しいのは逆境や試練なんだよね。『お前だろ?』と言われても『自分じゃないです。〇〇です』って。絶対逃げたいし、肯定したいし、自分を正当化したい。そのために人や物を傷つけることもある。そういうのは、みんな小中学校の頃に10個、20個はあるはずなんだよね。『タバコ吸うのを見張ってろと言われた』とか『吸えと言われて吸わされた』とか、自分がやったのにみんな人のせいにして僕は正しいと言う。これが人間の性だし、防衛本能だからしょうがないけど、高校野球をやる選手にこれをゼロにしたら強いだろうなと。ウチの原点で芯の部分でもあるけど、これを頭でわかっているだけじゃなく、完全に行動、実践できるレベルまで積み上げていこうと」

だから日常生活でも練習中でも、そういう行動をとると厳しい言葉を浴びせる。簡単でないとわかっていても、それは必要なことだからだ。考えが幼いうちは「なんでオレばっかり」となるが、それを「自分には足りないことがあるから、神様がわざとこういうことを経験させてワンランク上げようとしてくださっている」と思えるようになるまで指導していく。

「どんなことがあっても、逃げない。責任転嫁しない。それを伝える3年間だと思うね。責任転嫁して恨んでいたことが、神様に対し『自分のためにそこまでやっていただいたんですね』という感謝に変わったときは、もうぐらつかなくなる」

ただ、こういう話が本当に理解できるようになるのは3年生になる頃。それまでに必要な土台を横山部長やコーチ陣がつくり、時間をかけて成長させていく。

もう一つ、人のせいにしないのと同様に大事なのが人と比較しないことだ。斎藤監督は事あるごとにこう言う。

「人と比較するな。過去の自分と比較しろ」

他人は関係ない。あくまでも矢印を向けるのは自分だ。

「人と比較すると優越感と劣等感しかないんだよね。人間はバカだから、自分を高く見せたいから、自分より下のヤツを見つけてバカにする。自分より上のヤツを見ると不都合だし、追従できないし、自信がなくなるので、自信を呼び戻すために自分より成績が低くて運動音痴のヤツを見つける。弱い人間ほど、このパターンが多くなる。世の中は広いというカルチャーショックを与えるためには、他人と比較することも必要かもしれないけど、割合的には2割。最終的に一番大事なのは、自分がどれだけ過去よりも成長したかどうかということしかない」

とはいえ、比較するのは成績や記録ではない。もし一番を取ってしまった場合、落ちるしかなくなるからだ。

「じゃあ、なんなんだといったら、過去の自分より人間的に成長してるかどうか。それが100パーセント正しい。これが自分自身を伸ばす一番の秘訣だよね。ゴミを捨てていたのが捨てなくなった。拾うようになった。こういう過程を経れば、絶対に過去にはなり下がらない。悪くなっていかないからね。ゴミを捨てなくなった人間は絶対捨てないし、あいさつできるようになった人間がプイッと無視するようなことはないから」

他人とではなく自分との比較だから、指導者の前だけいい顔をしていても意味がない。毎日、自分との勝負なのだ。その習慣がつき、心が変わっていけば、それまでと同じ練習や行動をしても得られることが変わってくる。

「監督が怖くてやらされている、やってるふりをしているだけの強豪校はたくさんある。でも、ウチはそれをゼロにできると思ったんだよね。自分も欺かない、監督も欺かない、チームメイトも欺かないで3年間練習すれば、強くなるんじゃねぇかって」

そんな思いを込め、それに一日でも早く気づいてほしいという思いで懇々と話をする。セオリー56でも紹介している塩沼亮潤をはじめ、宮本武蔵、西郷隆盛、山岡鉄舟、神風特攻隊……。かつては大病を患って亡くなった少年、両足が義足でフルマラソンを完走したランナーとの交流などもあった。さまざまなジャンルから紹介していく。

「特攻隊なんか、片道だけの燃料を積んで命をぶん投げにいったんだから。その若者がどういう表情をしていたのかといったら、ものすごい柔和な顔をしているわけ。それを見せながら、『試合を楽しむのもいいけど、もっと凛々しく、もっと毅然と戦うべきじゃないか』って。ウチは技術だけじゃ勝てねぇのわかってっからね。だから、遠回りだと思っても、そういうことをする。人生観をつかんだら鬼に金棒だからね。自分をあきらめたり、欺いたり、試合をあきらめたりはしなくなる。どんなに追い込まれても、むしろ感謝の心をにじみだせるようになってくる」

3年間と期限を設けられたことで、体力と技術ではなく、心の教育に時間を注ごうと割り切れた。

その結果、他の強豪校とは一線を画す気持ちで戦うチームになった。

「人間を表す円があるとすると、人間性を重視しない私学の強豪校は技術と体力の円が大きいけど、心の円は小さい。ウチは技術の円は小さいかもしれないけど、心の円が大きい。そのスペースの大きさを（県大会のベンチ入り人数の）20個足し合わせたものがチーム力だと思うんだよね」

野球は球の速さを競う競技でもなければ、遠くに飛ばすのを競う競技でもない。個人の能力ではなく、チームで戦う競技だ。チーム力を表すのは、技術の円ではない。三つの円の合計面積なのだ。小さな円があるなら、代わりに大きな円をつくればいい。聖光学院の心の円は私学強豪校の中で屈指の大きさだ。人は、目に見えるものにとらわれやすい。だが、斎藤監督は目に見えない心を重視した。一見、遠回りにも見えるチーム強化策。地道にコツコツ心を鍛えたことで、聖光学院は全国屈指の強豪校に成長した。

斎藤智也のセオリー５

ベンチ入りは人間性で選ぶ

「心の円が小さければ、技術は出てこない」

これが、斎藤監督の考え方だ。いくら高い技術を持っていても、心がしっかりしていなければ力は発揮できない。だから、チームの代表であるレギュラーを選ぶときも、心、すなわち人間性を重視する。

「野球は勝負の世界。勝つことが目標だから、絶対に勝つために必要な人選をしなきゃいけないよね。ここでも人間力が前提になる。チームであり、組織であり、共同体だから、共同体を歩んでいるトップ組織の考え方に融合できる人じゃないと土俵の上には入ってこられない。協調性があって、人の話をよく聞けて、組織が動いているその集団の存在の意味をよく理解して、そこで自分をしっかり適合させていこうという真摯な気持ち、謙虚な気持ちを持っている人間じゃないと、しっかり呼吸があってこないよね。メンバーを選ぶときに最初に目をつけるのはそこ。技量だけじゃなくて、人間性が一番に評価する基準になっちゃうんだよね。情熱がすべてで技術なんていうのは二の次。ウチには『うまい選手はいらない。強い選手しか使わない』というキャッチフレーズみたいなものがある。オレがほしいのは強い人間だと」

だから、技術が上というだけでレギュラーが決まるわけではない。

「技量的にちょっと落ちるけど、トータルで見たときに人間性を評価している選手のほうが優先順位が高まることがあるよね。だから、ピッチャーを3人選ぶときに一番手から三番手が残るかどうかわからない。心の円が小さければ技術が出てこないから。人間性がよくなければ、技術はあてにならないということ。それと、下級生のときから手塩にかけて育ててきたような選手は、意外と自己顕示欲が強くて、自意識過剰で、自己評価が高いために、厳しい他者評価を突きつけられたり、井の中の蛙的な状況を厳しく諭したりすると受け止められない。そこに人間の弱さが出るよね。そういう選手はウチではほとんどメンバーでは使わないという歴史がある」

毎年、夏が近づくと斎藤監督はベンチメンバーの原案をつくる。スタッフと相談し、最後はキャプテンやマネジャーを呼んで決定するが、だいたいの場合、最後の2枠で悩むことになる。人間性や生活面でスキがあり「こいつと心中したい」とは思えないが、実力があって戦力になる可能性がある選手、3年間、ひたむきに頑張ってきたが試合に出る可能性は低い選手、試合には出ることはないが、応援団長としてチームにエネルギーを与えられる選手の3人が残ったとすると、落ちるのはスキがある選手だ。

「組織がきちっと動くためには、技術屋が20人、（体力自慢の）マッチョが20人だけではダメ。技術屋やマッチョが何人か蹴落とされたとしても、もっと組織にエネルギーを注ぐ、組織を活性化させる潤滑油みたいな、ビタミン剤になりうるヤツが援護射撃軍として絶対必要なんだよね。自分にとって一番望ましいポジションで選ばれなかったとしても、チームを愛し、組織を愛し、組織を活かしたい、成功させたいと強く願っている人間を探して抜擢する。組織に光を灯すような人間を数人入れて、有効活用したほうがいいよね」

では、その資質を持っている選手はどのように見抜くのか。それは、普段の練習やグラウンドでの姿勢だ。

「ランメニューを最後まで抜かずにやるか。最後の最後までダッシュをやるか。レギュラーでも抜くヤツはいるからね。そういうヤツは下克上を食らう対象になる。あとは用具の準備に率先して動く、最後までグラウンドをならし続ける、その選手の立ち居振る舞いが、周りに影響を及ぼしている姿が本当なのか、見せかけなのかを観察するね。これはミーティングをしているときの選手の目や、話を振ったときの考え方、野球日誌で自己犠牲の考えを持っているかで判断する。そうやって間違いないという選手を探すよね」

聖光学院のベンチには座っている者はいない。最前列に立ち、プレーしている選手に全身全霊で〝気持ち〟や〝パワー〟を送っている。

「ウチにはベンチで狂ったように騒いでいる選手がいる。彼らは自分が試合に出たいとアピールするより、仲間が結果を出すことしか期待してない。高校野球ではよく試合中に手を合わせて泣いている場面を見るけど、苦しいときの神頼みじゃいけないんだよ。一番大事な戦いに挑んでいるときに、代表で戦っている選手を疑っているから泣くわけだよね。そういうのはどれだけきれいごと言ったって、組織として失敗。その瞬間を見ただけで、それまでのことが否定されるよね」

すべてのメンバーが戦力になるための絶対条件は人間性。その中には実力だけでなく、自己犠牲を厭わず、組織のために全力を注げる潤滑油的存在も必要になってくる。それを見抜くためのヒントは、普段の何気ない姿勢に落ちている。誰が見ているかなど関係なく、いつでも自分のできることを全力でやっているか。それが判断基準になるのだ。

斎藤智也のセオリー 6

A、B、育成の独立した3チームで活動する

高校野球の場合、一軍をAチーム、二軍をBチームと呼ぶことが多い。一般的にはレギュラーとベンチ入りの可能性がある選手で構成するのがAチーム、それ以外の選手で構成するのがBチームだ。ところが、聖光学院のチーム構成はちょっと違う。Aチームはレギュラーとベンチ入りの可能性がある選手に加え、他の3年生全員も所属。Bチームは秋の大会を想定し、下級生の中でのレギュラーとベンチ入りの可能性がある選手、育成チームにはそれ以外の選手が所属する。

各チームの担当指導者も決まっており、Aチームは斎藤監督と石田安広コーチ、Bチームは横山博英部長、育成チームは堺了コーチ、岩永圭司コーチが指導する。それぞれが完全に分かれて活動しており、シーズン中の平日はAチームがウォーミングアップやランメニューをしている4時半から5時半の間にBチームがグラウンドを使用して実戦練習。5時半からAチームがグラウンドで練習する。Aチームが練習を終えたあとにBチームがグラウンドで練習することもある。聖光学院という高校の

中に三つのチームがあるというイメージだ。

全国でも類を見ない独特のチーム運営方法だが、スタート時はそうではなかった。一般的なチーム運営スタイルだった。横山部長は言う。

「1999年の秋から斎藤監督とコンビでやってますけど、最初は全員で動いてました。春先に関東遠征に行ったときに、試合に出れない子が出てしまうので、監督に『使わない子はオレに預けてもらっていいですか』と。土浦日大でコーチをやっていた関係で関東にお世話になっていた指導者が何名かいたので、電話して試合を組んでもらったんです」

初めはBチームを結成するというより、Aチームで試合に出られない選手に経験を積ませるという目的だった。横山部長は続ける。

「野球って、試合じゃなきゃわからないことがすごく多い。練習ではすごくいいけど試合になるとプレッシャーに負けちゃうとか、練習であんまりよくないけど試合で勝負強かったりとか。そういうのを見るためにも試合をやろうと」

チーム編成が変わったのは2003年頃。01年に初めて甲子園に出場し、部員数が急増した。全員で練習をするのは効率がよくないため、横山部長が斎藤監督にチームをAチーム、Bチームの二つに分けて指導することを提案した。斎藤監督は言う。

「横山部長の指導者としての力量も買ってたんで、部員が多いのに横山部長の力を還元しないのはもったいないよなと。2チーム編成して、横山部長が監督ぐらいのつもりでチームづくりをするというのは賛成だった。最初は部員が少ないから二人で全部やってたけど、いつも二人でくっついているのはもったいない。2チームつくって、それぞれ監督として独立してチームづくりするのがいいんじゃないかとなった」

最初の年は試行期間としてベンチ入りクラスとそれ以外の選手という他校と同じような分け方。3年生もBチームにいて、Bチームで認められればAチームに上がる入れ替えのあるやり方だったが、次の年からは基本的にそれをやめ、徐々に現在のスタイルに移行していった。

「オレと生徒が接している時間を少しでも長くするために、最上級生は全員Aチームに所属する。Bチームに降りたりするとオレとの接点が短くなるんで。チームづくりを一枚岩になってやっていく目的を果たすため、一人も欠かさず置いておくようにした。最終学年に勝負をかけるためには、一人ひとりの力が必要。体でいうと、細胞が一つでも欠けたらいけない。細胞が全部かみ合って、健康体をつくろうという発想。教育的でいい決断だったと思うんだけどね」

部員数が100人を超える聖光学院。ひと口に3年生とはいっても、大人数だ。斎藤監督の負担も大きくなる。Aチームは試合に出そうな選手たちだけにして、鍛えたほうが効率はいいはずだ。なぜ、そんな発想になったのか。

「やっぱり、部活動なんだよね。本当のチームづくりをするのに必要なことだと。学年30人の代も40

人、50人の代もあったけど、（このスタイルを始めたときには）人と人の出会いは運命であり、奇跡だというのを勉強し始めていたので。何期生ってあるけど、せっかく同じ世代に生まれてきたヤツらが、聖光学院で運命的な出会いをして、運命的な勝負に向かっていくために、学年の横のつながりを大事にしたいっていうのがあった。最初から最上級生はAチームに絶対所属する、Aチームから落とさないというのは自然にあったね」

斎藤監督にとって大事なのは、最終学年を迎える3年生がどれだけ一体となって戦えるか。そのためにも、上下の移動がある縦のつながりよりも、横のつながりを重視したのだ。ただ、そうなると、Aチームにいても試合出場の機会が少ない選手が出てきてしまう。

「最初の頃は、『試合に出たいんだったら、Bチームに派遣してもいいよ』と言ってたんだよ。特にピッチャーとかね。Bチームから『ピッチャーがいないので貸してください』という要望があったときもあったけど、Aチーム、Bチームの体制が構築されていくにつれて、選手からの要望はなくなってきたよね。オレ自身が強く思ってたのは、やっぱり一人も欠けちゃいけないということ。分厚い鎖のように末端まで40人、50人がきちっと手が絡み合ってないといけない。戦力が低い、選手の能力が十分ではない聖光学院が勝つために何が必要かといったら、絶対的なチーム組織力。01年に甲子園に行ったのがヒントになって、組織力がないと勝てないというのがベースとしてできてきたからね。試合に出られない選手は、『違う自分の活かし方を考えよう』と」

勢いのある選手をBチームからAチームに上げる、あえて下級生を抜擢することでチームの活性化を図る指導者もいるが、単純に野球の技術だけで考えないのが斎藤監督のやり方だ。

「3年生と2年生、1年生の一番の違いは何かっていうと、3年間、精神的に何を学んできたかということ。最終目標はどれだけ感性が豊かになって、研ぎ澄まされて、チームを生かすために自分がいかに駒になるか、チームを背負って戦えるか。ウチには自分のために戦っているヤツはいないと思ってるし、『背負ってる十字架が重くなればなるほど本当のレギュラーだ』と言ってるので、レギュラーほど苦しいと思うんだよね。チームの代表で出て、控えのヤツらを悲しませたくないと思ってやるとなると、中途半端なあゆみで、ちょっと野球がうまいだけのBチームの下級生というのは簡単にはAチームに上がれない。6月、7月じゃ遅いしね」

Aチームに上がる条件は、最低でも練習試合の1試合目に出る実力があるかどうか。相手もレギュラーが出ない2試合目に出るぐらいなら、Bチームでレギュラーとして出たほうが自覚も生まれ、実力もつくという考え方だ。そこに精神的な部分まで要求されるのが聖光学院。実際、過去に期待する下級生を5月の県大会で使ったこともあったが、精神面が追いつかずにBチームに落とすことになった。

「3年生から言わせると『あいつに言っても、精神的にかみあってこないですね』って。未熟が故についてこられないんだよね。BチームからAチームに上がるんだったら、春先の3月から4月が最終ラインかもしれないね」

Bチームでどれだけ結果を残してもAチームに上がれない。それではBチームの選手のモチベーションが上がらないのではないかと心配する人がいるかもしれないが、それは心配ない。詳しくは別項『横山博英のセオリー』（283ページ）に譲るが、Bチームはすでに秋の大会を目指しているからだ。その前にはBチームだけのリーグ戦があり、緊張感のある戦いも用意されている。何より、監督より怖い横山部長が率いているのだ。モチベーションなど関係なく、気の抜けない毎日を送ることができる。横山部長は言う。

「野球は個人競技でなくてチーム力。チームとしてのまとまりが大事だと思っているので、秋に向けてチーム力をいかに上げるか。チームとして戦える組織をつくっていくというイメージで指導をしてます」

単純に「打った、抑えた」という結果だけで喜んでいるチームが多いなか、聖光学院のBチームは組織づくりに励み、秋に戦うための準備に取り組んでいる。その結果として、新チームへの移行がスムーズにいくことにつながっている。新チームになって監督がゼロから始めなければいけないのではなく、土台ができあがっているから強いチームが続いていくのだ。斎藤監督は言う。

「Bチームのほうが、より基本に忠実にチームをつくるし、野球をやっている。だからオレのところに来るときには、守備がすごい下手とか、バントができないとかはない。ここのところは横山部長がちゃんとつくるので。戦術、戦略を含めて走塁術、バント、守備、スローイングをきちっとできるヤツを使って経験値を上げるやり方をしてるよね。その典型が22年の3年生。横山部長から『バントと守備と走塁だけやってきてください』という要望があったぐらい。打てないので、要所では全部スクイズやってくださ い』という要望があったぐらい。基本ができてAチームに上がってくるから、その点はすごく助かるよね。オレはどこまで大きく野球を仕上げていくかを考えながらチームをつくっていけばいいんで」

21年の秋はエース・佐山未來が最少失点に抑え、スクイズで点を取って勝ち上がるスタイルで東北大会準優勝を果たした。だが、22年夏の甲子園では5試合戦ってスクイズはゼロ。横山部長が教え込んだ基本力に斎藤監督が応用力をつけてスケールアップ。どの年よりも育成がうまくいった結果のベスト4だった。

Bチーム時代に基礎、基本を徹底的に叩き込み、Aチームでは応用力を身につける。Bチーム時代から組織づくりに時間をかけ、Aチームでも横のつながりを大事にチームが一枚岩になることを目指す。単純に独立したチームを運営しているだけではない。BチームからAチームにかけて明確なチームづくりの順序、一貫したスタイルがあるからこそ、強固なチーム、組織ができあがるのだ。

斎藤智也のセオリー7

シーズンオフは学年別チームで活動する

通称・学年別。

これもまた聖光学院独特のチームづくりの手法だろう。通常はAチーム、Bチーム、育成チームで活動しているが、秋の公式戦が終わると、まったく別のかたちでの活動が始まる。それまでどのチームに所属していたのか関係なく、2年生チームと1年生チームで活動するのだ。これもきっかけは横山部長だった。

「それまでは冬場の練習もAチーム、Bチームでやったりとか、全体でやりながらポジション練習をやったりとかしてたんですけどね。2008、09年ぐらいだったかな。監督に言ったんです。聖光学院に入部するのはいろんな理由があると思うんですよね。一つは甲子園に行きたいというのが間違いなくあると思うんだけど、もう一つはやっぱり斎藤監督に教わりたいからだと思うんですよ。部長やコーチに教わりたいと思って来るヤツはいないと思うんですよ」

斎藤監督の担当はAチームだ。4月から夏の大会まではベンチ入りメンバーと3年生、新チーム結成後はそれまでBチームで中心だった選手たちがAチームとして斎藤監督の指導を受けることになる。新チームになって最上級生になった2年生でも、育成チームにいる選手は監督との接点がない。野球の力量でチーム分けをしていると、能力の高くない選手は監督とかかわれなくなってしまう。せっかく斎藤監督の指導を受けたくて聖光学院に入っても、話を聞くことすらかなわない。

「昔は3年生が5月ぐらいまでBチームにいたこともあったんですよ。Aチーム、Bチームで動いていくと、結局、斎藤監督に教わったのは3カ月、4カ月で終わっちゃうじゃんと。これってよくないよねと。だから、秋の大会まではしょうがないにしても、秋が終わったら最上級生は斎藤監督が責任を持って全員を見てあげるっていう体制をつくったほうがいいんじゃないかと。1年生は僕らが見るからということで始まったのが最初なんですよね」

東北大会まで勝ち進めば、終わるのは10月中旬。そこから学年別に分ければ、9カ月は斎藤監督と過ごすことができる。部員数が多いチームの中には、監督に見てもらえないどころか、ろくに名前も覚えてもらえないチームもあるが、そんなことはなくなる。大人数のチームで不祥事が起きる場合、メンバー外の3年生が発端になっていることが多いが、このシステムであれば常に監督の目が行き届くので問題は起きにくいといえる。

では、学年別チームとして活動する際に、斎藤監督が心がけていることはなんなのだろうか。

「学年別がスタートするとミーティングの内容が変わっていくんだよね。野球の話じゃなくて、人生哲学的なものがすごく多くなっていく。プリントを配ったりしてね。最後の夏を戦うために、全員もっと成長してもらうよと。肉体改造と人格改造の二本柱が大事だって言うけど、実際、人間は変われるわけだから」

斎藤監督の話を聞き、時間を共有することで話が伝わりやすくなってくる。

「お互い話しやすくなってくるので『今日のプリント読んでどう思う?』、『何感じた?』とか。『オレのミーティングで野球の話は一切なかったけど、どの話がいいと思ってくれた?』とか。こういう話をしながら、控えの連中をどんどん取り込んでいく。秋にメンバーだったヤツらはある程度濃厚な時間を過ごしてきたので、控えの選手のクセを知って、チームの中に参入させていく。最終的に最上級生が力を発揮するチームにするためにも、チームの中にそいつらの存在感をアピールさせていくようなことをうまくやんなきゃいけないなって思ってるね。そこに学年別を結成する意味があると思う。要するに細胞論だね」

斎藤監督の指導を受け、大きく変わる選手もいる。精神的に成長することで技術も上がる選手がいるのだ。横山部長は言う。

「上級生の控えメンバーがすごく力をつけてくれるよね。新2年生でちょっと野球がうまいだけ、精神的に未熟な子が春先になってもAチームに上がれないことが出てくる」

斎藤監督と過ごす学年別の活動以降、花開いた一人が２０１７年のチームの湯浅京己（現阪神）だ。三塁手として入学後に腰痛でプレーができずマネジャーを務めていたが、２年時の秋の大会でチームが敗れた翌日、「今日から練習をやらせていただきます。ピッチャーをやります」と斎藤監督に直訴。それまで仲間の補食用に米を20合研いだり、スコアラーをしたりと補助役に徹していただけに驚いた斎藤監督だったが、ブルペンの湯浅を見て「只者ではない」と度肝を抜かれた。フォームにクセがなく、球速は１３５キロをマーク。角度があり三振もとれた。体力も足の速さも跳躍力もトップクラス。夏の県大会では背番号18でベンチに入り、１４５キロを記録した。ただ、好投手が複数そろうこの年、甲子園のメンバーには選ばれなかった。「他の投手よりコントロールの完成度が低かったから残念ながら外した。最初は泣いてたけど、歯を食いしばって切り替えて、バッピやりますって言ったよね。『オレの球打てなかったら、甲子園で打てねえぞ』ってメンバーに言ったらしい。気遣える力があるよね。人間力を磨くというのはウチの武器。そこで鍛えられた部分もあると信じてます」。

学年別をやって効果が出たのは上級生だけではない。下級生にとっても大きな意味があった。１年生チームを預かる横山部長は言う。

「チームづくりに関していうと、下級生にも相乗効果があったよね。結局、問題解決は全部上級生がやってるでしょ。Ａチームにいたとしても、下級生はついていっってるだけ。自分に風が当たらないで物事が解決していく。それが学年別になると、上級生に頼ることができない。自分たちの問題を自分たちで全部解決しなきゃいけない。そういうところが経験できるんです」

新チームを結成する2年生の夏になって、いきなり問題解決をしようと思ってもできるものではない。経験が必要なのだ。精神的に幼い下級生のほうが問題は起こりやすい。ある意味では、それも好都合だといえる。

「問題解決をするためには、自分に風が当たったり、標的になったりしなきゃいけないこともある。今まで先輩が言ってたことを自分が言わないと物事が動かないわけだからね。自分が言うっていうことに関してはリスクが伴いますよね。一時的に仲が悪くなったりとか、反目し合ったりということも出てこないとは限らない。でも、そういうふうにやっていく中で、愛情がちゃんとあれば、だんだん言ってる意味がわかっていくと思う。ケンカするほど仲がいいじゃないけど、そうやってまとまっていく。冬に学年別でやっていることが、あとにつながっていくんじゃないかなと思うんです。学年別を始めたのは、なかなかヒットだったなと思いますね」

聖光学院が目指すのは、個の力ではなく、チームとして、組織として戦うチーム。自分の欲を捨て、チームの一員として何ができるのか、何をすべきかを考えるためにも学年別は欠かせない。試合のできないシーズンオフは個人の能力を上げる練習に専念するチームが多いが、それだけでは足りない。強い組織をつくる練習も必要なのだ。年間を通して〝チーム〟を意識させる。これが、聖光学院が強さを維持することにつながっている。

斎藤智也のセオリー 8

キャプテンは監督、コーチと同等の厳しさを持っている選手を選ぶ

聖光学院が甲子園に出場した代のキャプテンをポジション別に見ると、かなり偏りがあることに気づく。まずは、ピッチャーとキャッチャーのバッテリーがゼロということ。どのチームもピッチャーがキャプテンをすることは少ないが、キャッチャーがゼロというのは珍しい。そして、もう一つの特徴が控えのキャプテンが多いこと。ファースト2、セカンド1、サード2、ショート2、レフト1、センター1、ライト2と満遍なくいる中で控えは6人もいる。

「秋はBチームの延長線なので、夏が終わると1、2、3年生全員に投票させて投票結果でだいたい決めるね」

たいていはBチームでキャプテンだった選手がそのまま新チームでもキャプテンになることが多い。では、Bチームのキャプテンはどうやって選ばれるのか。キャプテンを指名する横山部長は言う。

「一つ言えるのは熱いヤツ。自分のことばっかりじゃなくて、控えであっても『このチームをよくし

たい』と思っているヤツをキャプテンにすることが多いですね。チームをまとめることと野球の技量は関係ないと思っているので。連覇が始まった年（２００７年）の高橋晋平（背番号10）は、試合をやってるとき、ベンチの前で声を出している姿に何か惹きつけられるものがあった。『この子は空気が違うな』と。時間を過ごしているとすごくしっかりしてるし、気持ちがあったので『このチームをお前に託すぞ』とキャプテンにしました。そういう人材がいないときは一番力がある子をキャプテンにしたこともありました」

Ｂチームのキャプテンではなく、前のチームから試合に出ていて勘違いしそうな選手をあえてキャプテンにしたこともあるが、チームとしての完成度はもうひとつだったという。一番は「チームのため」とどれだけ思えるかだ。

秋の大会が終わると学年別の練習が始まるが（セオリー７）、ここで一度キャプテンもリセットされることが多い。２年生の多くは夏までＢチームにいるため、長く斎藤監督と過ごすのは初めて。斎藤監督もここから本格的に誰が適任者か見極めていく。

「16年の松本（康希）、22年の赤堀（颯）は代えなかったけど、複数の選手にキャプテンをやらせるケースのほうが多い。２０１４年は八百板（卓丸・元巨人）、山口（優）、安田（光希）、伊三木（駿）……。６人ぐらいやらせたかな」

控えのキャプテンが多かったのには、こんな理由がある。

「弱いときはキャプテンがいかにチームを鼓舞していくか。精神野球を体得したヤツがキャプテンという感じだよね。レギュラーがチームを牽引しながらキャプテンもやるのは負担が大きいなというふうに思ってたので、控えのキャプテンが多くなった」

ただ、最近はこの傾向に変化が表れてきた。以前は12年から15年にかけての4年連続をはじめ、07年から15年は9年間で六度も控えのキャプテンだったが、16年以降は五度連続でレギュラーがキャプテンになっている。

「控えで力量はないんだけど頭が切れるし、弁が立つ、ミーティングでも喋れる。だから控え選手には人望を得ると思うんだよね。ただ、レギュラーからすると『お前がやってみろ。きれいごと言ってんなよ』っていう思いは錯綜しているはず。そこは実際に選手の内面をのぞいたときに、ギャップがあるんだろうなと。キャプテン自身も苦しいだろうしね」

最近は嫌われたくない選手が増えている。仲が悪くなりたくないから厳しいことを言えない。そこに「自分は控え選手だ」という遠慮があれば、余計にうるさいことは言えなくなる。斎藤監督はこの点を懸念しているのだ。

「自分の背中でプレーを示し、チームを引っ張っていくという意味でレギュラーがキャプテンになるのが理想だと思い始めてるね」

斎藤監督がキャプテンに求めるのは一つ。厳しさだ。

「理想は監督、コーチの代行者。監督、コーチと同等の厳しさを持っているヤツだね。赤堀が究極のレベルになってくる」

斎藤監督の口から何度も歴代最高のキャプテンとして出てくるのが赤堀。赤堀はキャプテンとして心がけていたことをこう言っていた。

「上の目線も下の目線も、いろんな目線を持つことですね。どんなことが起きても、最後の夏のために今、これが起きてるんだという感覚を持ってました。怒りながらも、『よし、よし。いいぞ。ここで進化するときだ』と。監督さんやコーチにばれたくないような内容のことがあったときも、自分は隠さず伝えました。隠しごとをしないほうが自分たちも楽。それで怒られることも、もちろんあるんですけど、お互いすべてわかり合ってるほうが信頼関係も生まれると思うので」

多くの高校生は、怒られないことを優先して、問題を隠すだろう。だが、赤堀は自分も〝指導者目線〟になって、物事をとらえた。だから、遠慮せずに厳しいことも言った。誰よりも日本一になることを目指し、道具の準備などを誰よりも率先してやるキャプテン。なおかつ、ベンチを外れる選手の相談に乗り、彼らの目標をいっしょに考えてあげるキャプテンだったから、周りの選手もついていった。斎藤監督は言う。

「指導者もそうだけど、選手に寄り添っちゃうと妥協が生まれちゃうので。選手に嫌われないように機嫌をとるヤツは最悪だね」

その意味で斎藤監督には心残りがある。連覇が止まった21年。キャプテンを代えようと思いながら、代えずにいってしまったことだ。

「迷ったけど、そのままいっちゃった。あの代のキャプテンは自分には厳しいけど、人に厳しく言うのは苦手な子だった。もっと視野を広げて、いろんなコミュニケーションをとれるようになってほしいと思って冬にわざとキャプテンにしたんだよね。代えるか迷ったので選手に意見を聞いたら、『代えなくていい』と。結局は、そのキャプテンだと楽だったからなのかなー。もっと厳しいヤツがいたんだよね。厳しいからチームがまとまらないんじゃないかっていうのをオレが考えすぎちゃって、自分の直感を大事にしなかったことがオレの悔いだね」

レギュラーであれ、控えであれ指導者目線で考えられる選手。嫌われ役をいとわず、厳しいことを言える選手。控え選手も含めたチームの一体感、精神面を第一に考える聖光学院だからこそ、キャプテンは遠慮していたら務まらない。些細なことでも「これぐらいいいや」で済ませず、厳しく指摘する。まさに指導者の代行である必要があるのだ。

斎藤智也のセオリー9

イキのいい1年生より気持ちの強い3年生を優先する

ただの一人もいない。

過去の聖光学院の夏の甲子園ベンチ入り選手を見ると、1年生はゼロ。ベンチ入りの人数が多い県大会では本間裕之、舟田博紀、松崎克哉らがベンチ入りしているものの、これだけ甲子園に出ていて一人もいないのだ。「新チームにつなげたい」と下級生を無理やりにでもベンチ入りさせる監督が多いが、斎藤監督にはそれがない。２００1年、13年、14年、19年の四度はレギュラー全員が3年生だった。

「選手には悪いけど、1年生で甲子園でプレーできるような選手がまずいない。それと、3年間のウチのあゆみというのは独特なんで。中村天風だの安岡正篤だの稲盛和夫だの、前後際断、一燈照隅だのって懇々と言ってきて、精神的には相当勉強してるし、人間的にも成長してる。最後はどれだけ感性が豊かになって、研ぎ澄まされて、チームを活かすために自分が突き動かされるか。チームを背負う十字架が大きくなればなるほど本当のレギュラーだと言ってるから」

他の学校の高校生より精神的に大人になっている3年生と中学を出て3、4カ月しかたっていない1年生とでは考え方が違いすぎる。〝共通言語〟がなく、価値観も違うため、1年生がいるとベンチのムードが変わってしまうことにもつながる。

「03年は県の決勝で負けたんだけど、みんな相手の校歌を泣きながら聞いているときに、舟田だけがスタンドをきょろきょろ見回してたんだよね。そういうのを見ると、やっぱり最終的に立派な選手になったといっても、1年生なんていうのは悲壮感もなければ、勝負もわかってないなと」

取手二、常総学院を率いて甲子園優勝三度の木内幸男監督は「1年生や2年生のほうがプレッシャーがかかんねぇからいいんだ。3年生だと責任感が強すぎて固まっちゃってダメだ」と言っていたが、斎藤監督の考えは正反対だ。

「オレはそれを逆につくりたいわけ。3年生じゃないとあの大きな舞台で大仕事はできないって。高校野球は甘くないからね。ウチの野球だと逆に1年生や2年生のほうがプレッシャーが大きく載っかっちゃう。使命感なんて言って、『仲間を勝たせることがお前らの使命だ』とか『負けさせたら地獄なんだから』ってやり方でやってきてるからね。1年でも足りないのは全然違うね」

期間限定の高校野球。だからこそ、終わりが見えている者とそうでない者の差は大きい。

「最終学年になって、最後の甲子園、『もう、夏しかないんだ』ってなったときの10月から一冬を越えて春夏までの精神的な伸び率っていうのはまったく違うよね。1年生、2年生では感じられない。最終学年のいい意味での究極の焦りだったりがあるんで、心身ともに伸びるよね」

それを実感しているから3年生を優先する。「下級生をベンチに入れよう」と思っても、最終的には3年生が選ばれる。

「今はそこは割り切ってる。力が同じだったら、やっぱり命がけで戦うことを知ってる3年生のほうが絶対に上。2年生のほうが、力が圧倒的に上なら別だけどね」

能力で勝負しない。精神面を鍛えて戦うチームが聖光学院。だから、斎藤監督は長くいっしょに過ごし、同じ価値観になっている選手を優先する。監督の考えを理解し、意図を汲んで動けるかどうか。自分を殺し、チームのため、仲間のために動けるかどうか。そこを重視するのだ。

ベスト8に進出した10年夏の甲子園ではこんなことがあった。3回戦の履正社戦、6回表の守りでのこと。一死一塁で伝令がマウンドに行くと、背番号17の中村将太がブルペンへと走る。投球練習をしていた投手に何事か伝えに行ったのかと思ったが、そうではなかった。理由を尋ねると、中村はこう言った。

「浜風が強く吹いていたのに、ライトが定位置にいたんです。風で前に落とされるのが嫌だった。ベンチから叫んでたんですけど、聞こえてなかったので近くまで行って伝えました」

ベンチから飛び出したのは自分の判断。それも、理由があってのことだった。

「甲子園は（ベンチから出ると）注意されるじゃないですか。だから、ブルペンに行く感じにしたんです」

大きな声を出しても、大きなジェスチャーをしても指示が伝わらない。かといって、ベンチから出るわけにもいかない。考えた結果の行動だった。中村の指示のあと、ライトに打球は飛ばなかったが、素晴らしい気づき力だった。

8回裏の攻撃では八番の板倉皓太が考えた行動をした。二死から前打者の星祐太郎が死球で出たあとの打席。前の2打席はファーストストライクを打っていたが、この打席はあえて2ストライクまで見送った。それには、大きな理由がある。

「祐太郎がデッドボールを食らって痛そうだったので、治療の時間が必要だなと。時間を取りたかったので、すぐに打たず2ストライクまで見て、粘っていこうと思いました」

星は3年生で正捕手。2年生エース歳内宏明（元ヤクルト）をリードするために欠かせない存在だ。その星は死球を受け、臨時代走と交代してベンチ裏で治療を受けていた。野球では、四死球の直後の初球は甘い球が来る確率が高いため、狙うのが鉄則といわれている。だが、板倉はそれよりも仲間のために自分は何ができるかを優先した。二死一塁。自分は一発のある打者ではない。今やるべきことは何か。サインが出なくても考えられる選手がいる。斎藤監督は言う。

「野球のための野球じゃダメ。みんなそこしか見てないから肝心なものが見えないんだよね。気づくためには、もっと大局的に世の中を見るしかない。人間ってなんだというのを勉強するしかない」

どちらの行動とも、とても1年生ではできないだろう。考え、気づき、自ら行動できるようになるには時間がかかる。逆にいえば、それができるから3年生なのだ。能力だけを見ていると大切なものを見落としてしまう。見えない力を信じる。それが、斎藤監督のやり方なのだ。

斎藤智也のセオリー10

負けない野球をする

試合前、斎藤監督の頭に必ず流れるメロディーがある。

それは、美空ひばりの『柔』。その中でも〈勝つと思うな　思えば負けよ〉というフレーズが斎藤監督の頭から離れない。その歌詞の通り、斎藤監督が意識するのは、「勝つこと」よりも「負けないこと」だ。戦いに臨むうえで「勝ちたい」と思うのと、「負けない」と思うのとでは、まったく異なるのだという。

「『柔』の歌はまさにその教訓。みんな勝ちたいんだから。浮かんでくる欲を全部打ち消して、ひたすら向かっていって勝てたのか。勝つことを目的にしたら勝てたのか。勝ちたいタイプのチームの育成だと限りなく負けるよね。1点差負けしているチームっていうのは、技術的にいえばいろいろあるよ。カバーリングだとか、余計なフォアボールだとか、勝ちを急いで前進守備をするのがワンタイミング早いとか……。一個一個のＪＫ（＝準備・確認）不足がある。それと、心理的な面もあるよね。

勝ちたいと思うと、監督がベンチで動くもんね。勝ちたいときは、采配で動かなくてもベンチで動く。そわそわしたりとか。それが選手に伝わるんで、オレはできるだけ動かないようにしたいと思ってる」

斎藤監督、そして聖光学院が目指すのは『荘子』の達生篇の話に出てくる木鶏だ。凛としていて、木で作った闘鶏のように動じない。その姿を見て、どの闘鶏も戦う気力を失い、逃げ出してしまう。不滅の69連勝を記録した大横綱・双葉山も目指したといわれる究極の境地だ。斎藤監督が配るプリント（セオリー1）にも木鶏の話は紹介されており、『戦いは相手ではない。自分だ。自分の中の弱さとの戦いだ。鍛錬によって自分ができ上がってくると、相手は一目見て、「これは自分が勝てる相手ではないな」と感じる。こうして「戦わずして勝つ」境地が生まれてくるのだ』と書かれている。敵は、相手よりも自分。ただひたすら、向かっていく。やるべきことをやりきるだけなのだ。

その意味で、斎藤監督の心に残っている出来事がある。それは、2022年の夏のこと。日大三との初戦を前に斎藤監督はキャプテンの赤堀颯にこう尋ねた。

「明日、勝てそうか?」

赤堀はちょっとムッとした顔でこう返した。

「勝てるか勝てないかはわかりません。ただ、負けないです」

斎藤監督は、あのときの赤堀の表情が忘れられない。

「パッと目を開いて10秒で返してきたね。『根拠は?』と訊いても、『絶対、負けないです』それだけ。

ウチはこれまで選手のあゆみとか、きれいごと言ってきたことがいっぱいあっけど、本当に信じて、信念持って、『勝てそうかどうかというのは問題ではなく、負けないです』って言った。『だいぶ自信あるね』って言ったんだけど、それぐらいまでヤツらも研究してたし、あとは誰も裏切らないで最後までやりきるっていう雰囲気を赤堀がつくって、その手応えが本当にあったんだろうね。大したもんだなって。そのひとことの会話で『こいつら、ただでは負けねぇな』と思った」

日大三に勝ち、宿舎に戻ってのミーティングでも斎藤監督は選手たちの様子に驚かされた。ミーティング会場に拍手をしながら、「よくやった。ナイスゲーム」と言って入っていったが、誰も喜んでいなかった。

「『あれ、喜んでんのオレだけ？ 嬉しくないの？』っていう感じ。『おめでとう』と言ってやりたいけど、あんまり言わないほうがいいみたいな。『監督さん、褒めていただかなくていいです』という雰囲気だったよね。戦うモードになってた。こいつらはどんな試合やっても悔いなく負けられるチームで甲子園に来たなってわかったね。（2回戦はこれまで5戦全敗の神奈川県勢・横浜との対戦で）これまでは横浜に玉砕される怖さとかボロクソに言われる怖さがあったけど、今回はなかった。（準決勝で）仙台育英にもオレは粘り勝ちすると思ってたからね。そういう意味では、バカのように生徒といっしょになって、絶対負けないっていう信念だけは持ち続けることができた何十時間だったたね」

甲子園には出場するが、なかなか上位進出が果たせない時期が続き、以前は「甲子園じゃ勝てねぇ

2022年夏の甲子園、日大三との初戦。聖光学院は「負けない野球」をしてみせた

から、甲子園に行ったら勝ちやすい野球をやろうって考えてるところもある」と言っていたが、そんな想いは消えた。強豪校相手にも「負けません」と言いきった赤堀たちと過去最高のベスト4まで勝ち上がり、改めて勝つことよりも負けないことの大切さ、強さを実感した。

「『勝つぞ、勝つぞ』なんて言ってるチームはまず勝てないからね。円陣で『絶対、勝つぞ』なんて言ってるチームは、指導者がわかってないからそれを言わせているわけ。勝つことを意識して目の前の試合に入っていったら勝てない。それはすごく勉強したつもり。ただ負けないと思っていればいい」

赤堀もこう言っていた。

「ミスしてもいい、何してもいい。でも、最後は負けない。何があってもくたばらない、倒れない。負けないとは、一瞬一瞬負けないこと、一瞬一瞬やりきること。自分に負けないことです」

自分との戦いに勝ち、何があっても動じない不動心を持って、ただひたすら相手に向かっていく。それが、聖光野球。このスタイルが負けにくいことは、95連勝や13連覇など数字が物語っている。欲を出せばスキが出る。「勝つと思うな。思えば負け」なのだ。

斎藤智也のセオリー 11

守れる選手をレギュラーにする

「守れねぇヤツは試合出れねぇぞ」

これが、斎藤監督の口グセだ。負けない野球を目指す以上、自滅は許されない。打てることよりも守れることが優先される。

「守れないヤツは代打で一回しか（打席に）立てないよ。それも、1試合に一人か二人だよ。代打屋でベンチ入りするのは選手としては理想的な姿ではない。守れないから代打なんだと。中軸選手よりも打てるヤツが代打にいるという傾向はあるね」

守備重視のスタイルが数字にも表れている。夏の甲子園に出場した年の福島県大会の成績を見ると、合計102試合でエラーは78個。1試合平均の失策数は0・76個しかない。同じく守りの野球をする原田英彦監督の龍谷大平安は0・74個（50試合で37個）。試合数が倍であることを考えると聖光学院の安定感が光る。

表1　聖光学院の甲子園ポジション別成績

春

	打数	安打	打点	二塁打	三塁打	本塁打	塁打	三振	四死球	出塁数	犠打	犠飛	盗塁	打率	出塁率	長打率	OPS
投手	28	6	4	1	0	0	7	4	0	6	4	0	0	.214	.214	.250	.464
捕手	35	12	6	1	0	0	13	2	3	15	4	0	0	.343	.395	.371	.766
一塁手	38	12	7	2	0	1	17	8	4	16	1	1	1	.316	.372	.447	.819
二塁手	39	10	0	0	0	0	10	4	7	17	0	0	2	.256	.370	.256	.626
三塁手	35	7	1	1	0	0	8	5	3	10	6	0	0	.200	.263	.229	.492
遊撃手	41	13	3	1	2	0	18	5	4	17	2	1	3	.317	.370	.439	.809
左翼手	38	5	2	2	0	0	7	4	3	8	2	1	1	.132	.190	.184	.375
中堅手	43	14	3	1	0	0	15	6	2	16	0	1	6	.326	.348	.349	.697
右翼手	36	9	9	2	4	0	19	6	7	16	3	1	1	.250	.364	.528	.891
合計	333	88	35	11	6	1	114	44	33	121	22	5	14	.264	.326	.342	.668

夏

	打数	安打	打点	二塁打	三塁打	本塁打	塁打	三振	四死球	出塁数	犠打	犠飛	盗塁	打率	出塁率	長打率	OPS
投手	101	23	11	2	0	1	28	16	7	30	9	0	1	.228	.278	.277	.555
捕手	129	19	11	5	0	1	27	17	21	40	11	1	2	.147	.265	.209	.474
一塁手	139	42	21	10	2	1	59	25	15	57	5	5	1	.302	.358	.424	.783
二塁手	146	46	25	9	4	5	78	10	14	60	14	2	4	.315	.370	.534	.905
三塁手	138	41	13	5	4	1	57	18	13	54	12	0	9	.297	.358	.413	.771
遊撃手	141	44	12	5	2	1	56	16	14	58	10	0	10	.312	.374	.397	.771
左翼手	144	51	10	7	3	0	64	8	12	63	7	1	9	.354	.401	.444	.846
中堅手	143	47	21	8	2	3	68	17	22	69	5	1	17	.329	.416	.476	.891
右翼手	139	40	21	9	2	1	56	23	10	50	6	2	3	.288	.331	.403	.734
合計	1220	353	145	60	19	14	493	150	128	481	79	12	56	.289	.354	.404	.758

「打てるヤツというよりも、守備のランキングで9人をまず埋めて、バッティングを後づけでつくっていくという考え方はあるよね。Bチームのときから横山部長が、打てるけど守れないというヤツには厳しいんで、そうなってるっていうのもある。だから、育成もBチームもAチームも『守れないヤツは使えねぇ』って異口同音に言ってるよね。打てるだけの選手には『代打しかねぇじゃん。守備力上げろよ』って言ってるから、自主練習は守備ばっかりやってるよね」

守備重視が顕著に表れているのがバッテリー。これは夏の甲子園でのポジション別の打率（**表1**）を見ても明らかで、投手と捕手の打率が圧倒的に低くなっている。

「ピッチャーのバッティング練習はほとんどないね。夏の大会が近いときで『最近、トレーニングが多いな』とか『最近、投げすぎてんな』というときに、たまに『バッティングに交ざれ、ピッチャーも打て』ってことはあっけど、集中的に3、4セットやるぐらい。年間通してバットを持つ習慣はほとんどゼロ。その代わり、バントだけはしっかりできるようにというこだわりは持たせてやってきた」

言葉通り、数字を見ても、犠打はしっかり決めている。ピッチャーと同様に打つことを求められていないのがキャッチャーだ。九つのポジションでダントツに低い打率にとどまっている。プロ入りした佐藤都志也（現ロッテ）が一番、山浅龍之介（現中日）が五番を打った例はあるが、ほとんどが七番か八番だ。

「下位打線が圧倒的に多いね。キャッチャーに打つことを求めるとバランスが変わっちゃうので。1打点を挙げるよりも、とにかくピッチャーの1失点を防ぐこと。配球と守備に相当神経を使ってほしいし、そこに神経を使ってるから打てなくてもしょうがないって割り切れる。そういうポジションだもんね」

龍谷大平安の原田英彦監督が「野球は8、9割バッテリーですよ」と言っていた（『龍谷大平安・原田英彦のセオリー』セオリー22参照）が、斎藤監督も同じ考えだ。打撃には目をつぶっても、守備が最優先事項になる。甲子園は打てなければ勝てないといわれるが、そうではない。守れるチームが打てるから勝てるのだ。守りが悪ければ余計な失点が多くなる。自滅するチームでは甲子園にすら行くことはできない。打って点を取るのを重視するのは勝ちたい野球。聖光学院が目指すのは、あくまでも負けない野球なのだ。

斎藤智也のセオリー12

ヘッドスライディングでユニフォームを真っ黒にする

熱く、泥臭く。

これが、聖光学院野球だ。斎藤監督が就任して以来、ずっとこのスタイルを貫いている。その象徴といえるのが、ヘッドスライディング。聖光学院の選手たちは、クロスプレーのタイミングになると必ずといっていいほど頭から突っ込む。

「必死になれば、ランナーは必然的にヘッドスライディングの方向になる。これはチームを鼓舞したり、チームに勢いを与えるという意味もあるので、多いのはむしろ賛成。セーフになる可能性もあるしね」

だからといって、強制しているわけではない。にもかかわらず、聖光学院の選手たちはユニフォームを真っ黒にする。試合が終わったときに、胸の「聖光」の文字が見えなくなっている選手が何人もいるのは珍しくない。

「生徒が自発的にすることだけど、まあ～よくヘッドスライディングするね。クロスプレーになると、しないヤツがいないくらいだもんね。あえて泥臭さを標榜するわけじゃないけど、ウチが昔からやってる野球はとにかく気持ちを前面に出して泥臭くやる野球。スマート感は一切ないけどね。泥臭い＝ヘッドスライディングじゃないけど、『試合が終わったときに勝ったチームが泥んこになって、負けたチームがきれいなユニフォームだ』というのはコーチ陣も言っていると思う。それがウチのチームのスタンスだという認識があるから」

21年の夏の福島県大会・光南戦では0対1とリードされた8回表にエースの谷地亮輔がヘッドスライディングでホームスチールを決めた。投手であってもユニフォームを泥だらけにするのが聖光学院のスタイル。夏の甲子園でベスト4入りした22年のファースト・伊藤遥喜は「つかみ取るというか、ヒットをもぎ取ってやるっていう意識ですね。その気持ちがヘッドスライディングにつながってると思います」と言っていた。セーフになりたい気持ちが、自然と体を突き動かすのだ。準決勝で仙台育英に4対18と大敗したときも、点差は関係なく選手たちは頭からベースに飛び込んでいった。捕手の山浅龍之介は言う。

「見てる人からしたら、ひっくり返すのは無理な点差だと思うと思うんですよ。実際、簡単なことじゃない。でも、自分たちは最後までやり抜くっていう気持ちでした。周りに対するパフォーマンスじゃないんです。自分たちが本気で負けたくないので、本気で最後までやり抜く。最後のバッターがへッドスライディングするのがパフォーマンスになってるチームもあるじゃないですか。自分たちはそういうのはしたくない。見せるんじゃなくて、本心でヘッドスライディングするんです」

最後まであきらめず、気持ちでプレーするのが聖光学院のスタイル。真っ黒なユニフォームの選手が多いときほど、自分たちの野球がやれている証。この熱さこそ、聖光学院なのだ。

第2章

練習する、準備する

斎藤智也のセオリー13

三振しない打者を育てる

1試合平均4・15個。これが、夏の甲子園で聖光学院が奪われた三振の数だ。原田英彦監督の率いた龍谷大平安が6・20個、髙嶋仁監督の率いた智弁和歌山が6・02個、小倉全由監督の率いた関東一・日大三が5・70個などから考えると、少ない数字だといえる。2021年の秋から22年の夏にかけて3季連続甲子園ベスト4以上に進んだ近江の山田陽翔（現西武）は甲子園で通算15試合に登板。七度の2ケタ奪三振を含め、112回で115奪三振を記録したが、聖光学院戦は完投しながら奪三振はわずか2個だけ。山田が5イニング以上投げた試合の最少奪三振数だった。もちろん、これは偶然ではない。斎藤監督が打者に三振しないことを求めているからだ。

「『三振と凡打はいっしょだろ』という人が昔からいたけど雲泥の差だよね。特にワンアウト三塁の三振と凡打はまるっきり違う。凡打ほど点数が入るんだからね。ワンアウト二、三塁のときなんかも1点取るために三振したら絶対ダメだと思う。なんとか外野フライ打った、なんとか（バットの）へッド返さないでカンチャン落とした、ピッチャーの上をワンバウンドで越えてショートゴロ打った……。こういうことの積み重ねでいかに1点をもぎ取るかっていうのが大事だから、三振するチームはダメだと思う。福島県内のデータだと被三振率はダントツに少ないんじゃないかと思うね。三振を少なくするっていうこだわりはあるね。かといって、早打ちしろという義務はないよ」

斎藤監督の言葉通り、夏の甲子園に出場した年の福島県大会の数字を見ると、1試合平均の三振数は2・57個。19年は6試合で9個しかなかった。バットに当てる技術の高さは光る。次に問われるのは内容だ。同じアウトでも、どんなアウトにするのか。

「そもそも高校野球で凡打という言い方がいかがなものかと思うけどね。それと野球は7割失敗するというけど、失敗じゃない完璧な成功打球でもアウトになることもある。自分のスイングをしっかりしたファーストフライ、ショートゴロとかね。凡打は完全に自分のバッティングができなくて、自分の形が崩されてバットを止めたとか、崩れて合わせにいって中（フェアゾーン）に入れちゃったとか」

完璧にとらえた打球が野手の正面を突けばアンラッキーで仕方がないが、自分の打撃ができないときに、どうやってそれを意味のあるアウトにするのかが勝てるチームとそうでないチームの差になる。

「ワンアウト三塁で2ストライクから完全に泳がされて、左手一本でヘッドを残して合わせてセカンドゴロで1点。これは凡打じゃないからね。1点取るために自分のバッティングを自重して、内野ゴロを打つことに徹して、ヘッドを返さないで当てた。タイムリーヒットと同じ効果がある。凡打をするようなチームじゃダメ。オレの場合、これを精神的なものとくっつけちゃうけどね。悩んでバット振れないとか、ヒットが欲しくて最初から合わせにいったとか、迷って中途半端になってハーフスイングになったとか」

なんでもかんでも初球から振れば三振を減らすことはできる。だが、それでは打つ確率は上がらない。三振せず、無意味なアウトにならないためにどうすればいいのか。聖光学院が取り組んでいるのは豊富な種類を誇るティー打撃だ。落合博満がやっていたというボールの下を打ち、縦回転をかけて自分のところに戻す〝落合ティー〟、真上から落とす〝落下ティー〟（打者が打つタイミングで落とすものとタイミングをずらして落とすものの2種類）、打つ瞬間に下半身を戻す動きを入れる〝ツイストティー〟、バットのグリップで打つ〝グリップティー〟、インパクト時に両肩、両ひじ、両手で五角形をつくるティー、クロスに構えてインコースをさばくティー、頭より高いボールを大根切りするところから高さを変えてひざより低いボールまでを打つ〝高低差ティー〟、バックステップして軸足にしっかり乗せて打つティー、軸足を落として低めを打つ〝ランジティー〟。他にも畳の上にボールを三つ並べ、三つのボールを1スイングで同時に打つというメニューや、幅15センチの2本のロープの間を通す〝ロープスイング〟という素振りメニューもある。

ティーメニューの中で、もっとも聖光学院らしいのが〝ボウリングティー〟だろう。打つときに軸足をボウリングを投げるときのように引き、前肩が開かないようにして打つ。低めの変化球で体勢を崩されたときに役に立つ打ち方だ。

「外のスライダーを空振りしちゃうのを、バットのヘッドを長く使って打つためにどうしたらいいかっていうと、前の肩が止まることが秘訣になる。前の肩が逃げたらヘッドが短くなって届かなくなる。(振ったときに)頭もいっしょに回るヤツが多いけど、アゴと後ろの肩がぶつかるイメージだね。前の肩が止まるためには、ボウリングじゃないけど軸足をクロスさせることが必要。ボウリング打法を邪道と言う人も結構いると思うけど、バッティングって打つとき必ず軸足は動くから。大谷翔平(エンゼルス)も吉田正尚(レッドソックス)も柳田悠岐(ソフトバンク)もそうなってる。前の肩を止めるためには軸足も共同作業しないといけない。軸足が止まっちゃうと前の肩は開く。軸足を柔軟に使う引き出しを持つことが遠くのボールに対してヘッドを長く使うコツになる。スローカーブを空振りするか、拾って払うかというときも、これがわかっていれば拾うことができる」

ティー打撃で徹底的に練習し、体にしみ込ませる。ひと冬で身につかなければ、ふた冬かけてでもマスターし、試合では本能で反応できるレベルにまで仕上げていく。ボウリングティーの効果は22年の一番打者・赤堀颯がこう言っていた。

「インパクトの圧は落ちますけど、体を開かないことによって最後までボールを見られるんで、低めのスライダーも残して、ライト前に落としたりとかできます。聖光のバッターは外の低めを拾うバッティングが多いと思います」

前の肩を開かず、バットをレベルに出して、ヘッドを長く使うのが基本的なイメージ。それに加えて、タイミングを崩されたり、体勢を崩されたりしたときのための打ち方をくり返し練習する。この積み重ねが、少ない三振数に表れている。三振せず、いかに凡打にしないか。これが聖光学院の打者が徹底的にこだわるポイントなのだ。

斎藤智也のセオリー14

バントができない選手は使わない

1試合平均3・08個——。

夏の福島県大会の聖光学院の犠打の数だ。絶対的王者にもかかわらず、手堅い攻めを見せている。バントを重視するだけに練習量は多い。毎日の練習でもランメニューとキャッチボールのあと、Bチームがグラウンドを使用する5時半まで15～20分はバント練習をするのが日課になっている。

「力がないチームがなんとか一石投じるとなれば、バントに特化するのは当然。トーナメントの一発勝負である以上、あくまでも打線は水物。打ち勝つ野球は最終手段。小細工も含めて、いかにつなぐかとなってくるとＷＢＣとか日本シリーズとか、一発勝負で落とせないとなったときはプロでも野球が変わる。バントを積極的に使うし、スクイズも使う。あれが答えだと思うんだよね。高校野球は下手で未熟なヤツらがやっていて、しかもトーナメントという苦しい条件でやらなきゃいけないわけだから、いかに計算ずくで勝ちにつなげるかを考えれば、今やってるウチの野球は正しいと思うし、それが勝利至上主義かと言ったらそうではない。みんな勝ちたくてやってるわけだから。勝たせることを考えると、そうなってくるんじゃないかと思うよね」

バントにこだわるだけあって、バント練習のメニューは多くある。育成チーム、Bチームの間はバントの絶対量が必要。ダイヤモンドの四つのベースを本塁に見立て、4カ所でバント練習をする。Aチームも送りバント、セーフティーバント、スクイズの練習をやるが、場面を想定して行うだけでなく、野手をつけてやることもある。ファーストとサードに選手を置き、ファーストが出てきたら三塁側、サードが出てきたらファースト側にやる、両方出てきたらバットを引いて見逃すという実戦に即した対応練習だ。

他には、6月頃にメンバー組だけでやる〝セーフティースクイズ合戦〟がある。チーム対抗で何本連続で成功するかを競い、負けたチームは罰ゲーム。楽しみながら重圧をかける練習だ。

「2004年頃はそんなことばっかりやってた。正しかったかもしれないね」

重圧をかけるだけなら、〝プレッシャーバント〟というメニューもある。バントをする選手の周りに選手が立ち、「ここで決めなきゃ負けるぞ」「決められないならグラウンドから出ろ」など厳しい言葉をかける。「失敗できない」という雰囲気をつくり、1球で決める練習だ。

もちろん、練習試合の中でもバントの大切さを教える。送りバントのサインを出し、見逃しやファウルで2ストライクになった場合、多くの監督はヒッティングに切り替えるが、斎藤監督はそれをしない。スリーバントを命じるのだ。

「バントが決まんねぇからって平気で打たせるようでは『なんのためにバント練習してるの？』ってことになる。もちろん、状況によりけりだけどね。カウント、3－1、3－2になった。エンドランカウントができたときは、エンドランでもおもしろいと思うけど、ピッチャー有利なカウントになって打たせたら、そういうときは決まらないよね。逆にそこで打てちゃうチームって可能性ないと思う。意味をしめちゃうから。本番でもやるでしょ。本番ではそううまくは（強行策は）決まらないから。罰当たるもんね」

そもそも、その打者は打つよりバントするほうが確率が高いから、送りバントのサインを出しているわけだ。ヒッティングに切り替えてヒットを打ったとしても、それはたまたま。また打てる可能性など、どこにもない。それなら、そのままスリーバント失敗したほうがいい。バントの大切さを知ることができるからだ。

「ノーアウト一塁でバント失敗したら、わざとエンドランのサインを出す。そういうときに限って、バッターが空振りしたり、見逃してランナーがアウトになる。『ワンアウト一塁になったらゲッツーが嫌だからエンドランに切り替えるしかねぇじゃん。でも、こういうもんだべ。野球って、こうやって壊れていくんだよ』ってわざと見せて説明するよね。バントが成功してワンアウト二塁になったら、とりあえず確実にゲッツーは減っていくわけだから。ライナーゲッツーしかないんだから。ゲッツー

表2　聖光学院の甲子園打順別成績

春

	打数	安打	打点	二塁打	三塁打	本塁打	塁打	三振	四死球	出塁数	犠打	犠飛	盗塁	打率	出塁率	長打率	OPS
一番	46	10	3	2	1	0	14	5	4	14	1	1	2	.217	.275	.304	.579
二番	41	15	1	1	1	0	18	3	3	18	5	0	5	.366	.409	.439	.848
三番	38	12	6	2	1	0	16	2	8	20	1	2	4	.316	.417	.421	.838
四番	42	14	8	1	0	1	18	7	3	17	0	1	2	.333	.370	.429	.798
五番	36	7	7	1	3	0	14	7	5	12	3	1	1	.194	.286	.389	.675
六番	38	7	1	1	0	0	8	5	1	8	2	0	0	.184	.205	.211	.416
七番	32	6	1	0	0	0	6	5	6	12	3	0	0	.188	.316	.188	.503
八番	33	10	4	2	0	0	12	7	2	12	3	0	0	.303	.343	.364	.706
九番	27	7	4	1	0	0	8	3	1	8	4	0	0	.259	.286	.296	.582
合計	333	88	35	11	6	1	114	44	33	121	22	5	14	.264	.326	.342	.668

夏

	打数	安打	打点	二塁打	三塁打	本塁打	塁打	三振	四死球	出塁数	犠打	犠飛	盗塁	打率	出塁率	長打率	OPS
一番	164	50	8	6	5	1	69	16	17	67	5	0	15	.305	.370	.421	.791
二番	141	44	10	8	3	1	61	20	16	60	19	2	10	.312	.377	.433	.810
三番	154	54	29	11	0	5	80	13	13	67	8	1	8	.351	.399	.519	.918
四番	145	41	28	10	4	3	68	23	23	64	5	3	7	.283	.374	.469	.843
五番	139	43	21	10	2	1	60	15	19	62	7	4	5	.309	.383	.432	.814
六番	132	38	15	1	2	1	46	13	9	47	11	1	7	.288	.331	.348	.679
七番	132	37	13	9	2	0	50	17	9	46	7	1	3	.280	.324	.379	.703
八番	119	30	12	3	1	1	38	16	16	46	10	0	1	.252	.341	.319	.660
九番	94	16	9	2	0	1	21	17	6	22	7	0	0	.170	.220	.223	.443
合計	1220	353	145	60	19	14	493	150	128	481	79	12	56	.289	.354	.404	.758

を防ぐ状態をつくったらツーベースを打ったのと同じ価値があるわけだから。送りバントってすごく大事なんだって教える。練習試合でもここはバントと思ったら何番でもバントだよね」

夏の甲子園の打順別打撃成績（表2）を見ると、最多は二番打者だが、二番目に多いのは六番打者。どの打順でもまんべんなく送りバントを記録している。

「甲子園をなめちゃいけない。甲子園でそこまでうまくいくと思ってないので」

他の甲子園常連校のように、大物打ちがそろっているわけではない。それを自覚しているからこそのバント重視。併殺を避け、確実に得点圏に進めるやり方、ぶれない方針が負けない野球につながっている。

斎藤智也のセオリー15

投手には打撃投手を積極的にやらせる

「すぐにブルペンに入りたがるヤツは大したピッチャーじゃない」

これが、斎藤監督の持論だ。基本となるキャッチボールを大事にするのはもちろんだが、投げる練習として重視しているのはバッティングピッチャー。名目上はバッティング練習だが、打者のためにやるのではなく、投手自身のためにやる。

「バッティングピッチャーで投げるのが一番の練習。実際にバッターとの対戦を積み重ねることで実戦に生きてくるから、意識してやらせてるね。一番いいピッチャーは先頭切ってバッティングピッチャーで投げるようになってる」

打撃投手として、もっとも投げる機会が多いのが冬場だ。グラウンドでの雪上バッティング、室内練習場でのバッティング練習のどちらでも投げる。

「雪上バッティングなら、ウレタンボールとか、準硬式とかディンプルボールとか、水の浸透しないボールをかき集める。場合によっては新聞を固めてテープをギチギチに巻いたやつとか、いろんなボールがある。そういうのを投げるっていうのは、指先の感覚（を磨く）にはすごくいいと思うよね。雪上だから長靴履いてやるし、キャッチボール程度の球しか投げられないけど、手が冷たい状況で質が違うボールを操るっていうのは大事なのかもしれないね」

毎球同じ球ではないのがポイント。場合によっては1球ごとに質が異なる球を、微妙に力加減を変えながら投げることでボールの扱い方がうまくなっていく。指先の感覚が磨かれれば、変化球を投げるときにも活きる。寒い中、全力で投げなくても得られるものは多い。

もちろん、室内練習場で投げるときは別のメリットがある。マウンドはなく、約15〜16メートルと本来のバッテリー間の距離よりは短いが、安定した足場で硬式球を投げられる。そのため、全力投球もできるし、「対打者」に集中することもできる。

「近距離でバッターの様子を見ながら投げるから、コントロールが自然と上がっていくね」

同じ球速でも、リリース時に力を入れたり、力を抜いたりしながら投げることで打者を詰まらせたり、泳がせたりすることができる。タイミングを外すコツを学ぶことができるのだ。ちなみに、雪上と違い力を入れて投げることも見逃してはいけない重要なポイントになる。

「オレはピッチャーがキャッチボールを休むのはよくないという考えで、シーズン中だと6勤1休、冬でも5勤2休で投げる。ただ、以前、球数を投げ込んでるのにスピードも球威も著しく落ちたことがあったんだよね。その原因は、長い期間、全力投球をしていなかったこと。当時は投げ込みによって肩ひじを痛めるというリスクも考えて、『最低でも全体の5分の2、100球なら40球、200球なら80球を全力で投げればいいよ』と言ってた。残りの球数を確認という意味合いで投げてても、投げた実績があればいいフォームが体にしみ込んでいくと考えてたんだよね。その反省を踏まえて、今は常に全力、または少なくとも5分の4を全力で投げて、全力投球の習慣をつけなければいけないと思ってるね」

また、打撃投手をする場合、捕手をつけずに投げることも多い。それもまた、メリットになる。

「目標をどこに定めるのか、自分で模索しながら投げる。例えば、バッティングケージのどこか一点を狙っていくのか。キャッチャーがいることをイメージしながら、頭の中で自分とバッターとキャッチャーを線で結んで、立体的な三角形をイメージして投げていくのか。そういう距離感をとらえて投げられれば、実戦でバッターの動きを感じながら投げることにもつながるよね」

考え方や工夫次第で得られるものはたくさんある。バッティングピッチャーのことを〝バッピ〟と呼んで軽んじているチームもあるが、それは大間違い。球速がなくても抑えられる投手になるために身につけたい要素が多く詰まっている練習といえる。

「投球モーションの基本がわかったうえで、冬場のバッティングピッチャーをやる。『5割以上ストライク投げられねぇのはピッチャーじゃない』と言ってるんで、効率よく、質高くやるのを意識するよね。みんなよく投げるよ。ピッチャーが十何人いて、（バッティングピッチャーをやるのが）競争みたいになる年もあるからね」

投手全員が交代しながら登板するが、一人あたり30分から1時間は当たり前に投げることになる。1時間なら200球ぐらい投げることになるが、不満を言う投手はいない。むしろ、これで成長できると思って投げる。肩ひじは消耗品というが、そこは未完成の高校生。トレーニングで体づくりをすれば体格や筋力バランスが変わる。その変化に敏感に対応するためにも、冬だからといって間をあけることなく、ある程度の数を投げ、感覚をチェックする習慣が大事になる。投げなければ覚えられないことがあるのだ。さらに、野球は相手がいるスポーツ。打者を相手にして投げなければわからないことはもっとある。

制球力があり、打者との駆け引きができるのが、聖光学院の歴代エースの伝統。毎年、その技術を持つ投手が育つのは、バッティングピッチャーを重視しているからこそなのだ。

斎藤智也のセオリー16

インターバルピッチングで極限状態での投球を体験する

これだけやっていれば、これ以上大変なことはない――。

〝不眠合宿〟(セオリー30)と同様、ピッチャーの練習にもそんなメニューがある。それが、インターバルピッチングだ。

夏の日差しが降り注ぐなか、ブルペンで1イニングに相当する球数を投げ、スパイクから靴に履き替える。レフトポール前に移動し、左中間までダッシュ。そこから右中間までをジョギングで行き、右中間からライトポール前までダッシュ。ライトポール前から同じようにダッシュ、ジョギング、ダッシュでレフトポール前まで戻ってくる。そしてまたスパイクに履き替え、息が上がった状態のままブルペンで投球……。これを最大五回くり返す。

「オレも高校時代にピッチングとダッシュの組み合わせはやってた。(10年夏の甲子園準々決勝で)興南に負けたとき、あの頃に継投とか投球制限が叫ばれ出したんだけど、我喜屋(優)監督がウチに勝ったあと、『準々決勝からの3試合を投げきるための練習をずっとやってきた。ここからが島袋（洋奨、エース、元ソフトバンク）の見せどころ。真価が問われる』という感じのコメントをしてたんだよね。それに、すごく自信を感じた。涼しい顔で言ってたイメージがあって、『そこまでやってきたんだな』って。あのへんでオレに火がついたね。この練習は毎年やってる。最後の追い込みだね」

具体的なブルペンで投げる球数は15～20球。22年のエース・佐山未來のように打者を想定して、3人打ち取ったら終了という選手もいる。最大5セットにしているのは、20球×5セットで100球になるからだ。スパイクのまま走らないのは負担が大きすぎるから。ただし、走るときはVジャンと呼ばれるウインドブレーカーなど上着を着てやる。真夏の甲子園の暑さを想定し、蒸し風呂状態をつくってやるためだ。夏の大会前の追い込みメニューだが、22年は福島大会で優勝し、大阪入り後も行っていた。

なぜ、わざわざこんなきついことをやるのか。それは、極限状態を経験するためだ。

「一番は達成したっていう自信だよね。クソ暑いところで投げ込みながら、上着着て走るんだから。たかだか一往復だけど、炎天下だからきついよね。疲れている状態でもしっかり投げきる。試合になっても『あれをやってたから、そんなにきつくないわ』とか『あれをやってたおかげで疲労困憊にはなってないな』と思ってくれればいい。不眠合宿もそうだけどね」

どんなに暑くても、どんなに疲れていても、どんなに息が切れていても、経験したこと。そう思えるだけで、〝想定外〟ではなくなる。最悪の状態を知っているから、自信が生まれる。インターバルピッチングが、聖光学院投手陣の心のお守りになっている。

斎藤智也のセオリー17

紅白戦を重視する

試合の中でしかわからないことがある。

だから、冬でも実戦が必要。そのために多くやるのが紅白戦だ。高校野球は12月1日からアウト・オブ・シーズンで練習試合ができなくなるが、すでに公式戦が終わっている11月もできるだけ練習試合を入れずに紅白戦をすることが多い。寒い福島県だが、グラウンドに雪がなければ12月や1月でも天気がいい日は紅白戦。春のセンバツに出場が決まっているときには、いわきにある人工芝の球場を借りてやることもある。

「秋の大会が終わったのに11月に練習試合をやって、レギュラーが何を目的にするかといっても曖昧だと思う。だったら、それよりもチームとしてのあゆみを確立させるために紅白戦をやるね」

代表者がじゃんけんをしてドラフトのように選手を指名してチームをつくる。選手たちで打順を組み、試合中も選手たちでサインを出す。

「オレは（本塁後ろの）ネットの前でドーンと座って見てて、試合が終わったら文句を言う。『あそこで2ストライクまでバントのサイン出したのに、打たせた理由は何？』とか。『バント決まりそうになかったんで』なんて言ったら、『ふざけんなよ、お前。バントをなんだと思ってるんだ』とか言って、采配に対して物申す。キャプテンや采配したヤツに責任を課すように、わざと文句を言って、オレの采配、チームづくりのポイントを浸透させる。意地悪なことをするけどね。バントを大事にしているので、バントに関してのやり取りが多いよね」

斎藤監督だったら、この場面でどんなサインを出すのか。その理由を話していくことで、選手たちと価値観を共有していく。何度もくり返して話すことで、監督の考えと選手の考えが一致するように持っていく。これができれば、試合でも選手が監督の出すサインを予測できるようになる。ベンチと選手の考えが合えば、おのずと作戦の成功率は高くなる。

2年生同士の紅白戦だけではない。2年生対1年生の学年別の紅白戦もやる。

「2年生が5連勝したり、圧勝したりするとスキが出る。『今日も紅白戦か。相手は1年か。負けねーよな』ってなったとき、必ず負ける。そういうことをくり返していく。全勝っていうのはありえないからね。試合慣れしてきた頃に一回食われ、けちょんけちょんにやっつけて、またどっかで食われる。トータルすると10勝2敗とかかな。やるときはそれぐらい試合数やるもんね」

県内では絶対王者の聖光学院。格下が相手でもスキを見せると負けることを経験しておけば、公式戦で気が緩むことを抑止できる。もちろん、格下である1年生にとっては2年生よりも得られるものが多い。1年生を率いる横山部長は言う。

「『自分たちはできる』と思っていても、上級生は同じコンセプトのもとでやっているので、当然つぶされる。Bチーム同士とか相手も1年生だけの試合だとごまかせるところが、力でつぶされちゃって気持ちが弱気になったり、マイナス思考になって、そこから傷口が広がることが多々ある。それがいい勉強になるよね」

下級生のうちは挑戦者の立場を経験できる。力のなさを知り、精神的な弱さをつきつけられることで、課題と向き合うことができるようになる。

シーズン中にも紅白戦はやる。ただ、このときは終盤の攻防を設定してやることが多い。ビハインドのスコアを設定して、守備にはつかず、3イニング連続攻撃で逆転を目指す。斎藤監督は言う。

「例えば、仮想スコア2対5の設定とか。『残りの3回で4点取るよ』という練習だね。エース以外のピッチャーじゃないと3回で4点取れないので、普段あまり登板機会のないピッチャーを3、4人用意して、3イニングの攻撃をピッチャーの数だけ3、4セットやる」

練習試合で実際のスコアを無視して仮想スコアを設定したり、控え投手を出して点数を取らせたりするやり方をする監督もいるが、斎藤監督はそれはしない。

「口で言ってるだけで臨場感がないんだよね。青写真をつくった中でやっても、本当に力になるのかなって疑いがある。だから、オレはそれは捨てっちゃう。やるんだったら紅白戦なんだよね」

この練習をもっともやったのは2014年のチームだった。2013年秋の大会で日大東北に敗れ、県内公式戦連勝が95でストップ。春は日大東北に雪辱したものの、夏はそううまくいかないことは容易に想像がついたからだ。日大東北には秋の段階で最速143キロを投げていた大和田啓亮という好投手がいたことも大きかった。

「春にやっつけちゃったから、日大の尻に火をつけた恰好になった。夏は相当な勢いでくるだろうなと思ったからね。夏は正真正銘の大一番になる。『ビハインドの試合は普通にあるし、受け入れないとダメだよ。オレらにビハインドはないと思ったらダメ。3、4点差はあるからね』と。大和田がいたことによってしつこくやった練習だね」

7月に入っても練習試合のない平日はこの練習。さらに7月13日に夏の県大会初戦を戦ったあとも、19日の次戦までにあいた時間を利用して三回もやった。そして、決勝。まさに想定していた最悪の展開になった。日大東北に4点のリードを許して9回裏の攻撃を迎えたのだ。

最後の攻撃を前に斎藤監督は選手たちにこんな言葉をかけた。

「ずーっとこういう練習してきたじゃん。終盤にひっくり返す紅白戦をやってきたんだから、何か起こす力がお前らの中にはあるからな」

二死一、三塁とあと一人の状況に追い込まれたが、そこから反撃。4点差を追いつくと、延長11回サヨナラ勝ち。まさに、ビハインド練習をくり返した成果が出た。以来、この練習は一度もやらない年はない定番の練習になっている。

紅白戦は「手の内がわかっているからやる意味がない」という指導者もいる。勝敗が見えている学年別の試合は敬遠する指導者も多いだろう。だが、意図や狙いさえ明確にしておけば、実戦でしか得られないものはたくさんある。東北地方であることを言い訳にしない冬の紅白戦、上級生には心のスキが出るのを実感させ、下級生には格下の気持ちを経験させる学年別の紅白戦、ビハインド設定の紅白戦。すべてが聖光学院の力になっている。

斎藤智也のセオリー18

全力の壮行試合を行う

夏の大会直前の最後のビッグイベント。それが、壮行試合だ。夏の大会に臨むAチームに対し、Bチームが全力でぶつかっていく。

「夏の大会に出陣するAチームに、Bチームが最高のチャレンジャーとして立ち向かってくる。『夏は甘くないぞ。先輩しっかり戦ってくださいね』と。Bチームが丸裸になって、立ち向かう姿を見せるのが目的の一つ。もう一つは、出陣する3年生に試合を通して最大限のエールを送ること。試合が終わるとBチームの選手が泣くもんね。Aチームは泣かない。覚悟ができてるから」

Aチームのためにやる試合ではあるが、この日はBチームにとっても特別な日。なぜなら、Bチームの最後の一日でもあるからだ。甲子園に出場すればBチームは存在するが、横山部長は甲子園に行っていて不在。コーチ陣が預かることになる。甲子園に行けなければ新チームとなり、それまでのBチームがAチームになって斎藤監督が見る。したがって、横山部長の率いるBチームはこの日で最後なのだ。

「Bチームの集大成なんだよね。だから、大きな一日。決死の覚悟で向かって来る。『ここまで育ててもらった』という横山部長に対する感謝も含めてね。この日をもってBチームのあゆみが終わる。『自分たちの生き様を3年生にぶつけろ。3年に勝って、3年に夏への覚悟を一段と持たせろ』という感じだよね。そして、3年生に感謝しながらエールを送る」

チームが解散する前の最後の決戦。ある意味、Bチームにとってのほうがやる価値が大きいともいえる。「壮行試合はA、B、育成に分かれていたのが一つになる日」と言う横山部長はBチームにとっての壮行試合の意義をこう説明する。

「Aチームは毎年、県で上位に行くので、Bチームは戦力的には落ちる。だけど、そこに対等に勝負できるところまで持っていくというのが秋に向かう一つの指針になるよね。それまでの試合は、自分たちの秋へ向けての動き。それを全部終えて、壮行試合は初めて自分たちを捨て去って戦う場になる。裸になって、牙むき出しにしてAチームに向かっていく。肌感覚じゃないけど、Aチームがちょっとでも怖いなと思うぐらい、『夏の大会は、他のチームもこれだけ牙むき出しにしてきますよ』という感じをAチームに感じてもらいたい。Bチームにとっては、『先輩のために簡単に負けられない』と向かっていくことで自分自身の潜在能力を知る機会でもある。いずれにしても、壮行試合が特別な試合であることは間違いない」

Ｂチームでどれだけ実戦を重ねてきたといっても、Ａチームより強いチームはない。最後の最後に過去最高であり、最強の相手と戦う、文字通りの真剣勝負の場なのだ。だからこそ、横山部長は勝負にこだわる。

「愚問なんだけど、夏の大会が終わったとき、『どこが一番強かった？』と訊いて、『Ｂチームが一番強かったです』と言わせてやろうという感覚はあるよね」

実際、２０１３年、14年などＢチームがＡチームを破ったことがある。

「勝ったり、勝ちそうになって引き分けたりとかいうときの秋はことごとく負けてるよね。いい試合したはいいけど、それが邪魔になることもある。『オレらは甲子園に行ったチームに勝った』って考えるからね」

Ｂチームにとってはマイナスだが、Ａチームにとってはこれ以上ない刺激になる。Ｂチームに敗れた13、14年はともに日大東北相手の決勝で９回裏、あと一人にまで追い詰められながら追いつき、サヨナラ勝ちした。最後に自分たちの甘さを知ったことが、「このままじゃダメだ」という危機感につながり、引退寸前に追い込まれた土壇場で意地となって表れたのだ。斎藤監督は言う。

「オレもずるくなってきて、Ｂチームは完全に主力でくるけど、こっちはピッチャーがベンチ入り４人なら、４人全員使う。だから、ピッチャーが弱いところで点数を取られて負けるというのがあるわけ。昔だったらエースの本間裕之、舟田博紀が完投というやり方をしてたんだけど、いつもＡチームが勝って当たり前だったから。出陣式なんだから、Bチームが立ち向かってきたとしても、Aチームは圧で抑える。ピッチャーは打たれながらでも要所で踏ん張って、1点差であろうが負けちゃいけないよね」

14年はBチームで登板し、完投勝利を挙げた今泉慶太が直後の夏の大会でAチームでベンチ入りするという異例のことがあった。横山部長が舞台裏を明かす。

「あのときはAチームのピッチャーが苦しくて、今泉は6月下旬に一回Aチームに上がったんだよね。『7月頭の壮行試合に6月下旬に上がったBチームのエースがBにいないのは反則でしょ』って監督に渡さなかった(笑)。あのチェンジアップは打てないよ」

斎藤監督もこう言う。

「日本最強のBチームなんてうわさが飛ぶときあっけど、そりゃそうだろ。横山部長が丸抱えして、Aチームに2年生が一人しかいねぇなんてときがあんだから。そうやって突っ込むときあっけどね(笑)」

いい選手がいてもAチームに上げないという〝反則技〟を使ってでも勝ちにいく横山部長。Bチームがそれぐらいの気概でぶつかってくるから盛り上がる。同じチームとは思えない真剣勝負の場が、聖光学院ナインを鍛え、チームの一体感を生み出すのだ。

斎藤智也のセオリー19

練習試合は多くの選手を使う

2試合フル出場はない。一日1試合が基本だ。

高校野球では練習試合はダブルヘッダーが基本だが、聖光学院ではレギュラーであっても一日1試合しか出ないことが多い。出たとしても1試合と半分程度だ。練習試合ではいろんな選手を使うのが斎藤監督のポリシーになっている。

「例えば、常総学院と浦和学院との変則ダブルヘッダーなら、レギュラーが2試合出続けることはない。チームを2分割して、レギュラーを半分ずつにして使うね。たまに片方に全部レギュラーを当てて、もう片方のときにオール控えで入って、大量リードされてる終盤にレギュラーを投入して接戦に持っていくようなことをやったりはするけど。同じチームとダブルヘッダーのときは、最初は一枚目でいって、2試合目は二枚目でいく。オレは結構使う選手の数は多いと思うよ。最後まで（あきらめずに）いかしてやろうと思ってるんで」

多くの選手を起用する理由は他にもある。

「試合に出てないヤツは経験値が低い。駆け引きする時間が足りない。試合に出てないヤツらに『チャンスがないと不利じゃないですか』と思われるのも嫌だから、ベンチに入る20人はまず均等に試合に出れる。（割合は）ほぼ50対50。ベンチに入る控え選手にも言い訳は絶対させないようにしたい。経験値は全部いっしょ。1試合目か2試合目かという違いだけで、平等に経験できる」

冬場にも紅白戦をやるぐらい実戦を重視する斎藤監督。打者の経験のためには打席数は多いほうがいいはずだが、あえて出る試合を絞る狙いはなんなのだろうか。

「2試合ぶっ通しは絶対ない。選手らも一日1試合、土日でも2試合しか出れないっていうのはだいたいわかってるんで大切さがわかる。2時間から2時間半どれだけやりきるかを見たいし、経験させたいというやり方なんだけど、選手らも1試合しかない試合にかけるというか、やりきってくれる」

猛暑だったり、悪天候だったり、力の差があったりすれば2試合目は集中力が切れる。どうしても大味な試合になり、なんとなく打席を消化してしまうことにつながる。だが、1試合しか出られないとなれば、貴重な1打席を無駄にしないよう意識するようになる。

「チームによっては、練習試合を〝試し合い〟にしてるところもあるよね。ウチに来ても、『聖光はどういう声出すんだ?』とか『どういう野球やるんだ?』とかメモ取ってる監督もいるし、違和感を残すチームもたまにある。練習試合は一番公式戦に近い試合。練習試合の中で一番経験してほしいのは、いかにフラットに野球をやるかってこと。いかにゾーンに入り込む時間を長くするかだと思う。『打った、投げた、走っただけじゃないぞ』っていうのが口グセになってるね」

各自が1試合に集中する結果は練習試合の成績に表れる。夏の大会前に上半期の成績を集計すると、強いときは58勝12敗、弱くても45勝25敗程度と高い勝率になるという。

「一番勉強してほしいのは、どれだけとらわれをなくしていくか。試合っていうのは、自分のルーティンでサッと打席に入って、準備完了。前の打席で何を打ったから次は何を狙うとかを考える。初球に意表を突かれても、打席を外して、もう一回整理して入り直す。この訓練と経験はすごく大きいと思う。最終的には、まっすぐだけ狙ってたって来ないんだから、初球からベルト寄りの浮いた変化球は必ず振っていく反応ができなきゃダメ。できなきゃバッティング練習におろしてやらすんだけど、バッティング練習で経験できないものが試合の中にはあるんだよね」

ただ数が多ければいいというものではない。集中した〝生きた打席〟をどれだけつくれるか。そのために、あえて出る試合数を絞るのだ。そのほうが1打席の質が上がり、学ぶものも大きくなる。また、レギュラー以外の選手にも均等にチャンスを与えることで、控え選手のレベルアップにもつながる。スタメンの変更や途中出場選手の活躍（セオリー46）は、練習試合での準備から生まれている。

斎藤智也のセオリー20

レギュラーも補助をやる

ダブルヘッダーでも一日1試合出場が基本。出ない試合ではレギュラーでもボールボーイ、得点板係、BSOランプ係、ファウルボール係など補助に回ることになる。

「Bチームと育成チームは別の練習試合に行ってるから、Aチームが40人なら40人しかいない。Bチームと育成チームのケガ人が2、3人いるけどね。レギュラーも相当補助をやるね。それもオレはいいと思う」

斎藤監督の考えはあくまでも部活動だ。レギュラーだからといって特別待遇になるのも、特別な態度になるのも許せない。この考え方は指導者になりたての部長時代から変わらない。

「当時の監督の方針でレギュラーばっかり練習をして、控えは補助しかできなかった。レギュラーがバッティング練習をしているときに補助の控えの子がバッティングピッチャーをするんだけど、ストライクが入らなかったり、デッドボールを当てることがあるよね。そのとき、レギュラーが舌打ちしたり、デッドボールを当てられて『痛ぇな』っていう態度を出したりしたら許さなかったね。『ケージ出ろ。てめぇ、何様なんだ。てめぇなんか、野球やる資格ねぇ』って叫んでたから」

勘違いする原因は大人がつくっている。大人が特別扱いしているからだ。能力の差はあっても、同じ野球部員。野球のうまい、下手で優劣がつくものではない。

「レギュラーが偉そうに控え選手を小バカにしたり、練習ができない控えとは区別されて自分たちは優遇されているのに、『ありがとう』じゃなくて文句を言ってるなんていうのは人として許されない。たいしたことないヤツらが、できるふりしてうごめいているだけ。井の中の蛙でしかないものがうごめいていたってたいしたことないのに、人前に誇示してやろうとか、威張ろうとしたってそいつのマイナスにしかならない」

勘違いさえしなければ、むしろ補助をする時間が貴重になる。22年のキャプテン・赤堀颯は「補助するのは素直に当たり前。レギュラーは補助なしなんて思いません。いつも当たり前のように補助をしてくれている仲間に本当に感謝する瞬間になります」と言っていたし、正捕手の山浅龍之介もこんなことを言っていた。

「いつも補助してもらっているという感謝の気持ちを言葉だけでなく行動で表したいと思ってました。最高のコンディションで試合に出ている人に勝負をしてほしいので、試合に出る以上に周りに気を配って、精一杯の補助を心がけてましたね。あとは、『この場面は自分だったらこうするな』とか、『あいつは今、何考えてるのかな』とか考えてました。普段ベンチに入ってグラウンドの中から見ている分、外から野球を見るのはとても勉強になりましたね」

練習試合はダブルヘッダーが基本だが、相手が大人数で来たときには斎藤監督から3試合目をお願いすることもある。Aチームには3年生全員が所属している。3試合目に出るのは、20人のベンチ入り枠に入らない3年生たちだ。

「控え選手にも最後までチームにプレーヤーとしてかかわりを持たせたい。こいつらの試合が一枚目、二枚目の選手を泣かせるときが結構あるんだよね。感動的なものがある。失うものがない連中だから、もうがむしゃら。6月ぐらいになって悪あがきするヤツはいないから、自分の立ち位置がわかっている連中がひたすら投げる、ひたすら振る。あんまりカッコよくないんだけどね。たいした試合もできないけど、その姿に胸を打たれるときが意外と多いね」

必死のプレーは見る者の心を動かす。メンバーにも彼らの気持ちは届いていた。

「努力している姿を見てる分、本当に感動します。それと、『このメンバーを負けさせてはいけない』と覚悟が生まれる瞬間にもなります」（赤堀）

「試合に出る機会はなくても一生懸命頑張っている。その姿を隣で見ているのでなんとか結果が出てほしいと思って応援してました。夏の大会が近づくにつれてカッコよくなってくる控え選手を見ていると、自分も『もっとやらなくちゃ』と力をもらうことができました」（山浅）

一日3試合で1試合しか出ないとなれば、レギュラーでもプレーする時間より見ている時間のほうが長くなってしまうが、それでもいいというのが斎藤監督の考え方だ。

「時間を惜しんで練習だといって、1試合目に出た連中に『ウエイトやってこい』とかあるよね。それでもいいんだけど、やっぱりチームとしてのあゆみを強調したいわけだから、控え選手の一挙手一投足もレギュラーが見届けたほうがいいというのがオレの考え方。効率は悪いかもしれない。ただイスに座って見てるだけなんだから。でも、オレの中ではそっちのほうが大切だというのがあって、重要視しているよね」

チームが一枚岩になるため、一人でも欠けてはいけないという細胞論。そのためには、同じ場所で同じ時間を共有することが必要であり、大切なのだ。個人よりもチーム。その考え方が、自分が出ない練習試合の過ごし方に表れている。

受験勉強をしない分、練習することを義務づける

およそ5割。聖光学院を卒業して、大学でも野球を続ける3年生の数だ。例年、これぐらいの人数になる。13年連続の甲子園出場など先輩たちが実績をつくってくれたおかげで、斎藤監督が動きさえすれば進路は決まりやすい状況だ。もちろん、実力以上の大学を希望する勘違いさえなければ、の話ではあるが。

「最初の頃はなかなか相手にしてもらえなかった。『8月何日に練習参加があるんで、そのときに来てください』だったのが、今はオレが大学の監督に一報を入れて選手の特徴を話すと、個人的に練習参加を設定してくれる大学も多くなった。そうなると絶対有利だよね」

首尾よく推薦してもらえることになれば、入試は難しくない。志望理由書と小論文を書いて、面接を受けるだけだ。進学校の福島高校ＯＢで、浪人も経験している斎藤監督。簡単に合格できてしまう現状を決していいとは思っていない。

「オレらが動いて『ウチの選手お願いします』って言えば、推薦状1枚で大学に入れることもある。小論文で国語の先生に世話になって、面接の指導を受けてもせいぜい10日ぐらいあれば合格なわけだから。でも、進学校のヤツらが何してるかといったら、夏の大会が終わった時点で塾に通ったり、あるいは学校の補講を受けたりして、机とにらめっこしながら勉強している。受験勉強にかかる膨大な時間と、野球で大学に行く連中の野球の練習時間が50対50じゃなきゃいけない。そうでなかったら、一般入試で大学行けよっていう話だよね」

だから、聖光学院では野球を継続する3年生は夏の大会後も練習することが義務づけられている。日曜日は休みだが、それ以外の平日と土曜日はグラウンドに来て3～4時間は練習する。

「だって受験勉強しねぇんだから。『福島高校生など進学校の生徒は毎日8時間も9時間も勉強して大学受験突破するんだよ。ここにかかる膨大な時間とストレス、勉強にかける情熱とかとお前らの練習にかける情熱がいっしょじゃなかったら帳尻合わねぇ。だから大学には送りません』。それはすごく言うね」

大学に推薦で行けるのは、長年かけて築いてきた斎藤監督と大学関係者との信頼関係、大学で活躍した先輩たちの実績があってのこと。弱い時代の聖光学院なら、セレクションで落とされているかもしれないのだ。「実力で入った」と勘違いしてはいけない。しっかりと準備をして大学の野球部に入部するのが最低限やるべきことになる。だが、聖光学院にもこの話が伝わらない選手はいる。

「過去には練習サボっているヤツもいないわけじゃない。来なかったヤツもいるし、部室でずっとスマホをいじってるヤツもいる。（平日は）夜7時まではやることになってるんだけど、ちょっとずるいヤツらは6時までやって、『あとは体育館に寄って、ウエイトやって上がらせてもらいます』と言って帰ってたよね。2022年みたいなチームだと『お前、まずいよそれ』って自浄作用が働いて自然淘汰される。自然とやるようになるんだけど、統率力のないチームだとはみ出し者が出てくる。コーチ陣が3年生の部室をのぞいて『お前、何やってんだ』というのもあるよね」

あまりにひどい場合は、呼び出してこう言う。

「今、これから大学の監督に電話するから。推薦は取り消すからな。ふざけんな。なめんじゃねぇ。大学共通テスト受けろ。これから勉強しろ」

実際に、目の前で大学の監督に電話をする〝ふり〟をしたこともある。

「聖光学院の斎藤です。〇〇なんですけど、今、練習態度が悪くて推薦するのに値しません。大変失礼があると申し訳ないので、入学は辞退させていただきます」

ここまでやると、さすがに泣くという。近年はここまでするほどひどい例はないが、昔は多かった。

「裏切ったらいけないよね。あとは『大学に行って野球をやる目的は何か？』は必ず言う。何回もね。プロに行くために大学、社会人でやりたいというのはある。オレみたいに教員になりたい、将来、野球の指導をしたいから野球部に所属しておくべきというのもある。体育大を出ましたといっても、野球やってない、帰宅部では専門種目で採用してくれないからね。この二つはオレの中で説得力あると思う」

ここまでは目的がしっかりしているのでいい。これ以外の理由の場合、なぜ大学で野球をやるのかをはっきりさせておかなければいけない。

「三つ目があるとすれば、将来、ミズノとかゼットに就職したいとか、スポーツトレーナーになるために野球部でいろんなヤツを見ておきたいというのぐらいかな。『高校でレギュラーじゃなかったので、大学でレギュラーとりたい。野球が好きだからリベンジしたい』なんて言うのはどうだかなって。明確な目的がないなかで大学に行っても、長続きしないでやめたヤツも過去にはいるから。『そういうヤツは、オレは面倒を見たくねぇんだ。意思がはっきりしないと大学側に迷惑をかけるようになる』というのは最近くどいほど言うね。オレを利用して、聖光学院の名前を利用して大学の野球部に入りたいっていうのは、納得できないからね」

当然のことながら、斎藤監督は選手のことを考えている。野球の実力や大学のチームカラーなどを考慮して、選手の能力と受験する大学を対比して推薦している。

「こいつがこの大学に行ったら試合に出れるというレベルを考えて送るよね。『そこに行っても無理だから考え直せ』とか、カウンセリングしての結果なので、ベンチに入らなかった、試合に出なかったヤツはほとんどいない。そういう先輩の実績なんかもよく言うよね。大学に行ったヤツらが何年でベンチに入る、試合に出るというのはこっちのイメージとほとんどずれがない。『お前が行けば、必ず役に立つと大学の監督にも確認してある。あとは入って結果見ればわかるからな。高校3年の最後に何をしてたか。大学に入って何をしてたか。ベンチに入れない、試合に出れないとなったら、お前が将来身を立てるため、大学に入るために野球を利用したっていう答えしか残んねぇからな。必ずできるから、しっかり頑張れよ』と声をかけながらやってれば、選手らもその通りの結果を出してる」

無理な要求はしていない。まじめにやっていれば必ず結果は出る。逆にいえば、結果を見れば、それまでの行動がわかるともいえる。大学で野球をやる意味はなんなのか。受験勉強を〝免除〟してもらった義務を果たしているのか。入学後も自覚を持った行動をしているのか。野球はあくまで修行。野球を手段にしてはいけない。だからこそ、斎藤監督は最低限の義務を果たすことを求めるのだ。

斎藤智也のセオリー22

決勝で勝てる確率を数字で意識させる

17勝1敗――。

聖光学院の夏の福島県大会決勝の成績だ。敗れたのは2003年の日大東北戦が最初で最後。04年以降は16連勝中で勝率9割4分4厘と圧倒的な強さを誇る。だが、内容は圧倒的ではない。甲子園に初出場した01年の日大東北戦は延長11回表に4失点しながら、その裏に5点を奪ってサヨナラ（8対7）。13年、14年の日大東北戦はともに9回二死までリードを許す展開から追いつき、サヨナラ（13年5対4＝延長10回、14年7対6＝延長11回）。08年の郡山商戦（4対3）、17年のいわき光洋戦（5対4）はいずれも終盤に追いつかれながらサヨナラでものにした。これら合計五度のサヨナラ勝ち以外にも07年、15年の日大東北戦（4対3、3対2）、16年の光南戦（6対5）は1点差、09年の東日本国際大昌平戦（5対3）、19年の日大東北戦（2対0）は2点差と薄氷を踏むような勝利が多い。大勝したのは12年の学法石川戦（14対2）、18年の福島商戦（15対2）の二度しかない。

言ってみれば、負けてもおかしくない試合ばかり。それでも、なぜ落とさないのか。それは、そこに至るまでに精神面の準備をしてきているからだ。一つは、決勝をゴールではなく、通過点と考えさせること。

「『あと一つで甲子園だ』って、決勝は限りなく意識しちゃうもの。だからこそ、できるだけ意識させたくない。今日の決勝もきのうの準決勝も、準々決勝も全部同じ1試合でありたい。どの試合も同じ境遇で臨みたい。説明しやすいから通過点と言ってるんだけどね。生徒には『日本一をとりたいとか、甲子園で今までの歴史を変えるとか言ってるんだったら、福島なんか越さなきゃいけねぇじゃん』っていう言い方もするよね。よく言うのは、『今日はたまたまあづま球場で7月28日に1試合ある。別に聖光学院グラウンドでも、いわき（グリーンスタジアム）でもいいんだけど、今日も1試合あるだけ』だと」

決勝だからといって2試合やるわけではない。いつも通り、目の前の試合に集中するだけだ。自分たちがやるべきことをやっていれば、相手が勝手に負けてくれることもある。何せ福島県は聖光学院の1強状態。甲子園を経験している選手も指導者もほぼいないのだから。それをあえて利用して、こんな言葉もかける。

「相手は『聖光学院に勝って甲子園』とか『あと一つ』とか、この1試合を相当意識する。相手のほうがはるかに意識過剰が出てくるから、ウチが負けてても相手が焦ったりすることもある。相手の決勝に対しての意識より、お前らの意識が上回ることは多分ないと思う。その点は心配してない。だからこそ、決勝という意識をいかにゼロに近づけることができるかだよな。ただ今日の1試合だけ。準々決勝、準決勝で今日勝ったら甲子園だって絶対思わないよな？　ただひたすらやるだけだよな？　なんで決勝になったら甲子園を意識するのかな？　浮かぶのはしょうがないけど、同じようにやるべきだし、そうでありたい。だから2時間ひたすら戦いきろう」

もちろん、試合前にこう言ったからといっていつも通りやれるわけではない。聖光学院の選手とはいえ、所詮は高校生。甲子園を意識するのは当たり前だからだ。おまけに、連覇記録の継続中は決勝がゴールになっている部分もあった。特別感を出さないようにするのは容易ではない。では、どうするのか。もう一つの精神面の準備として斎藤監督が考えたのは、数字を用いることだった。選手たちには、こんな質問をする。

「お前らがすべてのチームと五分五分の能力を有していて、五分五分に戦える状況が整ったとき、お前らの優勝確率は何パーセントぐらいあるかわかっか？」

ほとんどの選手は50パーセントや30パーセントと答える。彼らにとっては、謙虚に少なく見積もっての数字だ。ところが、斎藤監督の答えは違う。

「お前ら、そんなに勝てっと思ってんの？」

30パーセントでも70パーセントは負ける。偉大な先輩たちが勝ち続けているのを知っているだけに、

「監督は何を言ってるんだろう?」と選手たちに疑問符が浮かぶ。そこで、斎藤監督が計算式を持ち出す。

「五分五分で勝つとして、2分の1の6乗（※福島県大会で優勝するには6勝が必要）は1・6パーセント。90パーセント勝てるとしても53・1パーセントなんだよ（0・9の6乗）。どの相手にも9対1で勝てる、9割方有利だとしても、6試合連続となると46・9パーセントは負ける確率になる。8割方有利でも26・2パーセント（0・8の6乗）しかない。7割方有利で11・8パーセント（0・7の6乗）になる」

これを聞くと、選手たちは驚いて目を丸くする。簡単に考えていた福島県大会優勝が、甘いものではないと実感する。高校野球はトーナメント戦。どんなに相手より強くても、その1試合を落とせば終わりだ。極端な話、100試合やって99回勝てる相手でも、その1敗が公式戦ならすべて水の泡になってしまう。だからこそ、気を抜く試合などないし、目の前の試合に集中し、1試合1試合、やるべきことを全力でやりきるしかないのだ。主にこの話をするのは冬のミーティングだが、早い時期から高校野球の難しさ、トーナメントで勝つ確率の低さを認識させることで、決勝前に言う「決勝を意識するな」という話が活きるようになる。

「やっと決勝まで来ても、山登りに例えると『今、やっと50パーセントなんだから。まだ五合目なんだから』と。甲子園に行くか、行かないかの境目。『五分五分で試合するとすれば、残りの五合を登るのは本当に茨の道。すごい苦しいよ』ってことは、わざと言うね。簡単に一つ、二つと勝っていって、ベスト4になると優勝確率75パーセントとか思っちゃうかもしれないけど、確率的にいえば、それも25パーセント。決勝まで五つ勝ったのに、やっと五合目。残りの一つのために、また五合登るっていうのをホワイトボードに書いて説明する。これはきついぞって、あえて脅すというか、すごく大変だと警戒心を持たせるよね」

当然のことながら、決勝の相手は手ごわい。残り五合とはいえ、それまでより傾斜は急だし、距離も高さもある。

「本当にきつい。試合中はいろんなことが起こるけど、ここを苦しんで登る楽しみを選手らが持てるかどうか。苦しいけど、『こいや、こら』っていう感覚。どこまでストイックにできるか。14年の日大東北戦でひっくり返したとき（9回二死まで4点リードされながら逆転）は、結構みんな〝ヘビ顔〟してるよね。ちょっと舌出して、完全にイッちゃってる顔になってる。そういうときは強いと思うんだけど、ああいう状況まで自分のエネルギーが高まっていかねぇとああいう試合はひっくり返せないよね。最後は『残り五合の茨の道。大いに苦しみを味わおうじゃねぇか』みたいに言ったほうが、逆に選手は覚悟が決まるような気がするんだよね。『あと一つ』なんてことを一切言わないでね」

戦力差9対1の圧倒的有利な状況で試合をしても、優勝する確率はたったの53・1パーセントしかない。絶対的な優勝候補の実力があっても、6試合連勝する確率は半分ちょっとしかないのだ。これを知っていれば、どんな相手でも、どんな展開でも、気を抜くことなどできないとわかる。あとは、全試合同じようにやりきるだけ。目の前の試合、目の前の相手、目の前のワンプレーに集中するだけだ。

選手たちにいくら「大変だ」と言っても伝わらない。それなら、怖さが伝わる方法を準備する。数字の持つ威力を巧みに利用した〝脅し〟。どんなに有利でも「53・1」でしかない。これを知っているからこそ、聖光学院は決勝戦で負けないのだ。

第3章

育てる、鍛える

斎藤智也のセオリー23

全球打ちができる打者を育成する

ストライクゾーンに来た甘い球は球種にかかわらず積極的に打っていく。これが、斎藤監督が理想とする攻撃スタイルだ。

「まっすぐしか打てないヤツ、まっすぐを待ってて変化球が来て見逃すヤツは絶対ベンチに入れない。それはウチではダメバッターのキーワードなんで。まっすぐも変化球もなんでも対応できる選手。まずこれがベンチ入りの最低条件。100パーセント狙い球が当たったらいいけど当たらねぇんだから。決めたボールしか打てないヤツは絶対無理。だって、狙い球を絞りやすいピッチャーは甲子園にはそんなに来ないからね。甲子園での戦いになれば、ミックスで対応できるバッターが必要になる。ウチの佐山（未來、22年のエース）みたいに、まっすぐもあっけど、カットボールからもカーブからも入ってくる。左にはチェンジアップからも入ってくる。胸元もえぐってくるし、『これはスライダーを狙ってても1球も来ない打席があっかもしれない』っていうタイプ。過去に対戦したピッチャーで言う、と広陵の野村（祐輔、現広島）、横浜の柳（裕也、現中日）、沖縄尚学の東浜（巨、現ソフトバンク）。球種が多くて、きちっと投げ分けられるピッチャーにはミックスでいくしかないよね」

斎藤監督の言うミックスというのは、〝全球打ち〟のことを指す。ミックスは「ミックス打ち」という打撃練習のメニュー名にもなっている。打撃投手が球種やコースを言わず、ときにはフォームを変えながら投げる。それを打者は初球から全球振っていく、聖光学院では基本となる打撃練習だ。佐山や野村、柳、東浜のようなタイプは球種で狙い球を絞っても、その球が来る確率が低いのであっという間に追い込まれてしまう。追い込まれる前に甘い球を仕留める確率を上げるように練習する。

「そのためにバッターはどんな球でも自分の間合い、ポイントで対応できるレベルになっていかないといけない。その中で、バッターは前の肩が開かないというのがポイントの一つになるよね。だから、いろんなティーバッティングをして（セオリー13）前の肩が開かない、前の手の柔軟性の練習をしてるわけだから」

もちろん、相手投手を研究して、配球に明らかな傾向がある場合は全球打ちはしない。この場合は狙い球を絞って打つ〝要求打ち〟になる。

「傾向がはっきり出てて球種が読める、3球中2球は当たるだろうと思われるときは要求打ち。（22年のセンバツで対戦した）近江の山田（陽翔）は要求打ちだった。『左はスプリット、右はスライダーを狙え。ストライク三つのうち二つは来るから』って。それがボール、ボールになったら、まっすぐを狙っていっていいとか、データを読み取って選手に下ろしたけどね。明らかに読めるピッチャーは要求打ち。その中で、そのピッチャーが一番投げたいボールはなんなのかっていうのはよく言うよね。『こいつが一番投げたい球はなんだ?』『スライダーです』『だべ。左にはなんだ?』『チェンジアップです』『チェンジアップでカウント取られてるから相手はそれ投げたいよな。そのボールつぶせよ』って会話はよくするね」

相手の得意球やもっとも投げたい球を狙って打つ。そうすることで投げる球をなくさせるのだ。

「それをしないと打てないからね」

ベスト4に進出した22年夏の甲子園では横浜の杉山遥希、敦賀気比の上加世田頼希は全球打ち。日大三の松藤孝介は、右打者は全球打ちだったが、左打者は圧倒的にスライダーが多いデータがあったためにスライダー狙いの要求打ちだった。右打者と左打者で明らかな傾向の差がある場合はそれぞれに指示が出ることもある。

「プロじゃないから、左対左はまっすぐ、まっすぐというのはない。だいたいスライダーなんだよね。明らかに配球の特徴が出てくるまでは全球対応でいくしかないんだけど、そのほうがウチは強いかもしれない。空振りしないし、反応できちゃうから。ただ、甲子園で勝ち続けるためには、全球で打てるバッターをもっとハイレベルで育てないといけないと思うけどね」

ミックス打ちと工夫したティー打撃で積極性と対応力を身につけ、初球からどんどん振っていく。

「5回まで80球投げさせろとかそういう攻撃はオレの性に合わない」。たとえ100球以内で終わったとしても、どんどん攻める。それが、斎藤監督のスタイルなのだ。

斎藤智也のセオリー24

自分のミスで負けることをイメージさせる

レギュラーであればあるほど責任が重い。

それが、聖光学院だ。自分のためにではなく、チームのためにプレーする。部員の代表として、勝つため、仲間を笑顔にするために戦うのが使命。だからこそ、斎藤監督は時折ミーティングでこんなことを言う。

「自分のプレーでチームを負けさせたらどうなるかを考えてみろ。もし自分のミスで負けたとしたら、そのミスはなんだったのか。考えられるものはいくつぐらいあるか想像してみろ」

あえてよくないイメージをさせて、自分の自信のない面をあぶりだすのだ。

「1個、2個じゃすまないよね。10個ぐらいあるはずだよ。スクイズのサインが出たけどキャッチャーフライを上げちゃったとか。守備でビビって捕球ミスをしたとか、悪送球をしたとか。打たれるのが怖くてボールになったとか。致命的になるプレーは考えるといっぱい出てくると思う」

試合は生きるか死ぬかの場。命がけで戦うのが聖光学院。もっとも大事な夏の大会で、自分のミスで負けることを想像すると怖くなる。「お前のせいで負けた」。そう言われるようなプレーだけはしたくない。それを考えるといてもたってもいられなくなる。

「頭に浮かんだプレーがあるだろ。それを克服することが必要だよな」

高校生はいいことばかり考えるが、勝負の世界は甘いものではない。究極の場面になると自分の弱さが出てしまう。最後に出るミスは、ほぼ間違いなく自分が不安に思っていることなのだ。それを自覚することで、自然と自主練習で弱点克服に励むようになる。

「練習で力をつけることは容易だけど、その身につけた力を発揮できるかは別。結果を出すことはすごく難しいからね。バッティング練習でもブルペンでも、力を発揮できるまで追求してやってないと試合になったら怖くて震え上がるよ。試合は別物なんだから」

一見、酷に見えるマイナスイメージ。それは、やらなければならないことを明確にさせ、行動を起こさせるきっかけづくりなのだ。

斎藤智也のセオリー25

心中できるエースを養成する

２０２２年の夏の甲子園。仙台育英が最速１４０キロを超える５人の投手を起用し、完投ゼロで優勝した。時代は複数投手、継投で戦う流れになっている。だが、斎藤監督はあくまでエースが中心となって多くのイニングを投げてほしいという考えだ。

「エース中心が理想だね。時代がそうだから継投とは一切思ってない。ピッチャーがいっぱいいればいいけど、吉田輝星（金足農、現日本ハム）みたいに、ああいう事情でやらなきゃいけない学校が否定されるべきでもない」

２０１８年の夏の甲子園で準優勝した金足農は公立校。選手層が厚いわけではない。吉田が全６試合に先発し、決勝の６回に降板するまで一人で８８１球を投げたが、それは仕方がないという考えだ。聖光学院は投手の数こそ多いものの、スカウティングをしていないこともあり、プロ入りを狙える好素材が毎年いるわけでもなければ、１４０キロを超える投手が複数いるわけでもない。

「ウチも継投ができるほどピッチャーがそろわないもんね。120キロ、130キロのピッチャーを交ぜながら、特色を駆使させて、相手を翻弄していく。ウチはそこまでだもんね」

聖光学院でエース級が複数いたのは11年の歳内宏明、芳賀智哉のときと、斎藤郁也、前田秀紀、平野サビィ、堀田陸斗の4投手がいた17年ぐらいだろう。もちろん、毎年、それを目指してはいる。

「4月の地区大会、5月の県大会はまだピッチングスタッフの拡大を目論んでいる時期だから、エースではないピッチャーを使うよね。負けを覚悟しながら、『新戦力発掘』と言っているのが5月の県大会まで。エースはできるだけ使わないで、他のピッチャーに場数を踏ませようとする」

そうやって育成には努めているが、高校生の間に全国レベルで戦える投手に成長させるには限界がある。それならば、エースに奮闘してもらうしかない。5月の県大会終了後の練習試合、6月の東北大会から夏の大会までの1カ月半は完全に〝エース養成期間〟に入る。

「エースは土日に1試合で終わることはほとんどないね。土曜日に1試合完投して130球投げたら、次の日は3回から5回で50球から80球。多くても（合計で）200球ぐらいかな。球数制限とかスタミナの問題を外せば、オレは最後は一人のエースと心中するっていうのが理想だと思ってるんで、エースを完全に一人つくる。同じレベルのピッチャーがいないからそうなるんだろうけど、絶対的な柱というのは必要だと思うんで。夏の県大会は準決勝、決勝は連戦、4回戦と準々決勝も連戦。だからエースは土日にまたがって投げる」

かつては福島県大会の終盤が5日で4試合という強行日程だった。当時のエースは土日の練習試合で2日連続完投するのが当たり前だった。

「土日連投が絶対条件。でないと、まず自チームが育たない。形ができてこないんだよね。きついのはわかってるけど、歳内も芳賀も岡野（祐一郎）もやったよね。当時は『土日2日間で300球投げる想定はいつも持っとけ』と言ってたから」

夏の大会の連投に耐えうるスタミナ。そして、絶対的な柱がいるというチーム全体への安心感。この両方を得るため、あえて連投させ、心身ともにタフさをつけさせるのだ。

「エースが土日4試合のうち13イニング投げると、（投手が6人いる場合）残り5人で23イニングしか放れないわけだよね。ということは、一人4イニングしか放れない計算になってくる。エースが投げる数と二番手の投げる数の差は歴然だよね」

エースは土日に必ず連投することがわかっているため、平日の練習や調整法を考えざるをえない。自己管理能力も問われる。6月に入れば強豪校との対戦ばかり。勝敗はエースの投球次第ともいえるため、いい加減な準備は許されない。エースはチームを背負う立場。他の投手たちとあえて差をつけることで、エースとしての自覚を芽生えさせ、責任感を植えつけるのだ。

「お前で負けたら仕方がない」

そう思えるまでに育てて送り出す。これが、斎藤監督の考えであり、エースの起用法なのだ。

斎藤智也のセオリー26

エースには、仁王様であることを求める

「制球がいい＝フォアボールが少ないことがエースの最優先条件だよね」

斎藤監督のこの言葉を証明するのが、夏の福島県大会の数字だ（甲子園に出場した年のみ）。県大会で最多投球回を記録した投手の9イニング平均与四死球の数を見ると、ほとんどの投手が圧倒的な数字を残している。20回3分の2を投げて与四死球0だった2017年の前田秀紀を筆頭に、08年の佐藤竜哉が0・39個（23回で1個）、14年船迫大雅が0・53個（17回で1個）と0個台が3人。この他にも1試合平均2個を切る投手ばかりだ（04年本間裕之1・80個、07年鈴木健太1・69個、09年横山貴明〈元楽天〉1・56個、12年岡野祐一郎1・08個、18年衛藤慎也1・70個）。甲子園での1試合チーム平均四死球は3・45個だが、四球に限ると2・65個。全国のレベルの高い打者相手にも無駄な四球を与えない投球ができている。

球速よりも制球を重視するためか大型投手は少ない。県大会最多投球回投手で身長が180センチ

を超えたのはプロ入りした横山と歳内、そして本間、森久保翔也のみ。あとは全員が170センチ台だ（佐藤竜は168センチ）。ちなみに、与四死球が3個以上と斎藤監督の基準を下回っている投手を見ると、左投手が多い（13年石井成4・56個、16年鈴木拓人3・63個、19年須藤翔3・75個）。これには理由がある。

「左はもともとコントロールに難のあるヤツが多いからね。左は『くさっても左』と言うように、右よりもプラスアルファの効果がある。同じ球でも左は打たれない。平均4個までが我慢できる限界かな」

もちろん、コントロールがいいだけでは聖光学院のエースは務まらない。投手出身の斎藤監督だけに、投手への要求は多く、レベルが高い。

「あとは変化球を二つ対照的に操れること。スライダーとチェンジアップとか、スプリットとスライダーとか。まっすぐと変化球の制球のバランスがとれていることだね」

カーブ、スライダーなど同じ方向へ曲がる球種はNG。反対側に曲がるか、落ちる球がなければいけない。歳内のようにスプリットを縦に落とすだけでなく、シュート気味に逃げるように落とせる投手なら最強だ。

当然のことながら、投げるだけが投手ではない。投球以外のことがすべてできてこそ、聖光学院の背番号1を背負うことができる。

「バント処理がうまい、けん制もエンドランカウントでそつなく入れたり嫌らしくできる。あとはクイックが速い、じらし方がうまい、バッターとランナーとの駆け引きをうまくできる。そういう野球小僧って要素も必要だよね」

対打者との一対一の勝負だけではなく、走者にスタートを切らせないことも含めた間の使い方、けん制、バント処理。総合力が求められる。

「ジャパンのコーチのとき（11年の第9回AAAアジア選手権）、監督は横浜の渡辺（元智）さんだったんだけど、歳内、吉永（健太朗、日大三）、野田（昇吾、鹿児島実、元西武）以外はビッグゲームで一回も使わなかったもんね。釜田（佳直、金沢、元楽天）ですら使ってもらえなかったからね。ピッチャーは野手以上に野手をやってくんねぇと。捕球機会が一番多いのはファーストだけど、接戦になればなるほど、ロースコアになればなるほど、守備機会が一番多いのはピッチャーだろうね。バントが多くなるから」

その年の日本代表には釜田と同様に150キロを超える速球を武器にした横浜ドラフト1位の北方悠誠（唐津商）、巨人ドラフト1位の左腕・松本竜也（英明）、東洋大を経てヤクルトドラフト1位の原樹里（東洋大姫路）らもいたが、渡辺監督は制球難と守備を不安視。制球がよく、守備もうまい3投手を優先起用した。結果は優勝。投手のレベルが高いうえに木製バットを使用し、ロースコアが続く国際大会での経験も、斎藤監督の価値観がつくられた一つの要因となっている。

「一発勝負の高校野球で、バント処理ミス、投内連係のミスは二つの進塁を許すことが多いし、通常のエラーの2倍の価値を与えてしまうことになるよね。それに、四死球を一つ出すことより、守備でミスすることのほうがピッチャーにとっては精神的ショックがはるかに大きい。そういう意味で、やっぱり守備に不安があるピッチャーをマウンドに立たせるのは厳しいよね」

ここまでの要素だけでもかなりの高いハードルだが、それでもまだ斎藤監督の理想のエース像には達していない。実は、斎藤監督に「エースの条件とはなんですか」と尋ねたとき、一番に返ってきた答えはこれだったからだ。

「仁王様だね」

仁王様とは、文字通り、太い棒を持ち、顔を真っ赤にしてにらみつける金剛力士像のイメージ。投手に例えると「マウンドにどっしりと立って、相手に『このピッチャー、嫌だな』って思わせる空気があること」だ。堂々とした態度や立ち居振る舞いができ、オーラを感じさせるような投手であることを指す。

「田中将大（駒大苫小牧、現楽天）、松坂大輔（横浜、元西武）みたいな、ああいうタイプの空気を持ってるピッチャーがマウンドに立つべき。『やることやっから。オレが全部責任取っから、あと頼むわ』っていう親分肌みたいなのが一番心強い。本間、歳内。この二人が突出してっかな」

投手としての技術だけではなく、「聖光学院のマウンドはオレが守る」、「勝敗の全責任はオレが持つ」という頼もしさ。言い換えれば、人間としての器を持っている投手でなければならない。

「小さな山だけど、グラウンドの中で考えれば一番高い場所。野球をやっている人間にとって、もっとも険しい山というのがオレの考え。金メダリストが上がる表彰台と同じで、一番高い所に立つ人間にはそれだけの資質が問われる。ピッチャーの一挙手一投足というのは全員が注目しているわけだし、普段の練習を見てれば、誰がエースにふさわしいかという空気も自然と表れてくるんだよね」

チームメイトが認める投手こそエース。陰日なた、裏表なく、いつも淡々とやるべきことをやる。そんな人間であることが求められる。

「よく『ピッチャーは孤独だ』と言われるけど、練習もランニングとかトレーニングとか周りから見られていないことが多い。そこに本質が表れるから、いい加減な選手であれば手を抜くよね。一人になったときに自分との勝負をしているかが大事だと思うし、常に変わらず黙々と練習する選手っていうのは、周りも『こいつなら打たれても仕方ない』と思えるよね。人間として評価されなければエースは務まらない」

もちろん、普段の練習では能力向上を目指すことが大前提。球速を上げる、球威を上げる、制球力を上げる、球種を増やす……。地道に練習すれば確実に向上するが、それを試合で発揮できるかとなると話は別。そこに取り組む姿勢や精神面など技術以外の部分が表れる。

「ブルペンで見栄えがよくて、期待してマウンドに送り出すと途端にダメになっちゃうヤツもいるよね。ブルペンでやってきたことを発揮できるヤツ、あるいはブルペンで見栄えはしなくても試合になるとそれ以上のピッチングをするヤツ。それが本当のエースだよね」

そういう投手になるために必要なのは普段の練習でいかに工夫するか。試合を想定し、練習のための練習にならないようにするか。

「試合の中で起こりうるあらゆる状況をブルペンのうちから想定していれば、実際の試合でも誤差は少なくてすむよね。例えば、バッターを立たせて投げ込む。それだって左右の打者で2パターンあるし、場面で言えば、ノーアウト、ワンアウト、ツーアウトで、それぞれランナーなし、一塁、二塁、三塁、一・二塁、一・三塁、二・三塁、満塁があって、カウントも0－0から3－2まであるわけだからね。さらに言えば、スクイズ警戒のワンアウト三塁でランナーと駆け引きしながらのピッチングとか、ワンアウト一塁の2ボール1ストライクでエンドランを想定してけん制を1球、2球と入れてからクイックでストライクを取るとか、自分の中でいかに試合の状況をリアルに設定できるかが大事になってくる。バリエーションを言えばきりがないけど、これを普段から習慣づけてないと試合になったときに状況把握ができなくて、ただ投げるだけになっちゃうよね。試合ではセットポジションで投げることのほうが多いのに、ブルペンで半分以上ワインドアップで投げてる選手とかは、その時点でイメージ力が足りないってことになる」

エースたるもの、ブルペン投球のときから「一人で試合をする」ぐらいのつもりで投げていなければいけないということだ。そこまでやっているから、「あいつで負けても仕方がない」と思ってもらえる。そうやって、普段からやるべきことをやり、周りからの信頼を得ている投手。マウンドでは、ちょっとしたことではびくともしない自信があふれ出る投手。これこそが、斎藤監督の求める真のエースなのだ。

斎藤智也のセオリー27

存在価値を認め、メンバー外の選手も戦力にする

ふざけている選手はいない。全員が腹の底から、全力で声を張り上げる。「新型コロナウイルスの影響で見られないのが残念」と言うファンがいるぐらいの迫力。それが、聖光学院のスタンドだ。少人数のブラスバンドの物足りなさは、野球部員たちの声がカバーしている。ここぞの場面で歌われる『男の勲章』は名物応援の一つだ。

レギュラーから控え選手まで全員が同じ方向を向き、ベンチからスタンドまでが一体となって戦うスタイルがあるから少々のことでは崩れない。「このチームが勝ってほしい」というチーム愛。全員がこれを持っていることが聖光学院の強さにつながっている。

「選手一人ひとりがチームが好きで、やりがいがあって、生きがいがあるか。ウチなら『勝つための手段でここにいます』なんて言われたら、たまったもんじゃないよね。最終的に勝つため、チームが繁栄するためには、所属する一人ひとりが『このチームのためなら死んでもいい』というぐらいのや

りがい、生きがい、存在しがいがなきゃいけない。選手同士がお互いに横の関係でも、縦の関係でもみんなが好きで認め合ってなきゃいけないよね。たとえ怒られたとしても、成長を促すという原点があって、戒めているんだと受け止められる集団。一つひとつの場面で人間の信頼関係のドラマがあれば、末端の選手でもそこにいたいという存在意義を見出せると思うし、そういう組織であり続けることが普遍的なチームであることにつながってくると思う」

そんな組織であるためには、ベンチに入らないメンバー外の選手たちが重要になってくる。どんなチームでも、雰囲気を壊すのはたいていが試合に出られない不満を持つ選手たちだからだ。だからこそ、斎藤監督は彼らの存在価値を認める。

「選手の人格、存在を絶対的に肯定することだね。レギュラーを獲った、獲らないというのは一つの線引きになるけど、人間としてはみんな同じ価値観を持って、同じ土俵で一生生き続ける。人格的に否定せず、必要だと話す。肯定する中で選手のよさを引き出していく。シーズンに入ると、3年生でも試合に出られない選手が半分ぐらいいるわけだけど、彼らは彼らで苦しい思いをしてる。『試合に出たい。なんで出られないんだ。なんで評価低いんだ』と思うヤツもいるかもしれないけど、試合になったときに最終的にチームを負けさせる程度の技術、体力しかなかったら自分はグラウンドに立つにはふさわしくないとあきらめてもらうしかない。ただ、全員が同じ立場でチームとかかわりを持っていることには変わりない。違うのはバットを振った、ボールを投げた、ベンチでスコアを書いている、声を出している、スタンドで太鼓を叩いているということだけで、オレからするとみんな同じなんだよね。甲子園に行きたいのはみんないっしょで、その中で表面的に甲子園に連れて行かなきゃいけないプレーヤーが存在するということだけ。区別はするけど、差別は絶対しない」

チームのために自分は何ができるのか。役割の違いこそあるが、必ず自分の存在価値はある。それを考え、全力を尽くせるかどうか。

「チームを愛してエネルギーを向ける。この選手にパワーを送って打たせてあげる。この1球を念じて、絶対的にバッターを打ち取らせるような魔球にさせる。祈るんじゃない、念じる気持ち。苦しいときの神頼みじゃないんだよね。他力にすがるんじゃなくて、念じる。自分の生き様をパワーとして送る。このためにお前は絶対必要なんだと。これは同じくみんなできるだろうと。本当にきれいごとなんだよね。でも、それをやってほしいという考え方なので。一人ひとりを引き上げて、チームに貢献できる戦力として全員を均等に見ていくためには、人間としての存在や人格を肯定すること。チームに必要だとみんなにわからせること。オレが先頭に立ってそれを言っていく。それがわかってくれば、出られない選手も潔く向き合い、その中で自分ができる役割を見つけていくんだよね」

キャプテンや副キャプテンといった肩書きがあれば、誰でも責任感が生まれる。だが、たとえ肩書きがなくても、背番号がなくても、チームの一員である以上、必ず責任感はなければいけないのだ。責任感のないちゃらんぽらんな選手を生まないためには、「このチームにいてよかった。このチームのために何か尽くしたい」と思えるような空気がなければいけない。

「会社みたいに部長が50万もらって、平社員が20万だったら平社員の自覚は少なくても許される感じはあるかもしれない。でも、高校野球の世界ではそれが許されない。レギュラーでも末端の控え選手でも存在価値、存在意義はいっしょだと常に訴えて、人間学を教えてきてるつもり。『裏切ったら許さないよ』って言ってる訳だから。そういう意味では、どこかの平社員よりも野球部の控えの選手のほうがきついかもしれないよね。お前は20万円の仕事でいいと言っているわけじゃない。同じように50万円の仕事を全員にしてほしいわけだから。だから時間がかかるよね」

甲子園常連の聖光学院。入学直後の1年生の中には、聖光学院と名前の入ったバッグを持って、ユニフォームを着て満足するような選手もいる。そこからスタートして、ミーティングで懇々と話し続けて、徐々に聖光学院の価値観を持つように指導していく。2年生の冬になっても100パーセント変わるには不十分。斎藤監督から「大丈夫だ」とお墨つきをもらうのは、ようやく3年生になってからだ。

「人生で絶対に一生レギュラーってことはないんだよね。巡り巡っていけば、スポーツ少年団、中学、高校、大学、社会人、プロとどっかで必ず控えになるときはあるわけだから。たとえレギュラーだったとしても、今一時だけ。その絶対的事実があるんだから、『レギュラーだからってなんなの？』ってことになる。そう考えると、控えは本質に気づく機会。一見不幸に見えるんだけどね」

いくら聖光学院の選手といっても、所詮は15歳から18歳の子供。間違えもあれば、勘違いもある。指導者の言っている意味がわからない選手もいる。それでも、あきらめず訴え続けていくしかない。わからなければ、何度でも、何時間でも話をするしかない。

「『こんなチームに行きたくない』なんて思われるところで監督なんてやってられないよね、申し訳なくて。自分自身も、勝負に対する意識が子供を育てるという意識より強くなっちゃうとむなしくなると思う。だって、全国優勝した次の年なんか全国優勝できないいんだから。それよりも、みんなを成長させること。『聖光に来てよかった』と涙を流して卒業していってくれるのが誇りだよね。そこがなくなったら、聖光学院野球部は終わり。ぶれないことが強さだと思ってる」

チームとしての信念。守るべきことを守れなければ、組織は必ず弱体化する。だからこそ、絶対に芯は揺るがない。どんなに個人主義の選手であっても、本気で向き合い、時間をかけて存在価値を見出してやる。そうすれば、必ずその人間はチーム優先主義に変わる。チームに貢献してくれる。試合には出なくても、全員が戦力。この一体感がある限り、聖光学院は常勝軍団であり続ける。

斎藤智也のセオリー 28

心技体ではなく心体技

０対20――。

聖光学院の初陣となった２００１年夏の甲子園。明豊に喫した記録的大敗は、斎藤監督の野球観を変えるには十分だった。

「『心を徹底的に鍛えれば、技術、体力はついてくる』をモットーに、甲子園の土を踏んだけど、自分たちよりはるかに高い技術を見せつけられた。あれで『体力がないと次の技術が出てこないな』と気づかされたよね。よく心技体というけど、野球観が変わってからは心体技という順番になった」

監督就任時、現有戦力で甲子園に行く手段として心を徹底的に鍛えた。目標の甲子園出場は果たしたが、心だけではどうしようもない力の差を見せつけられた。なんといっても体格が違う。初出場したチームのレギュラーの平均身長は１７３・２センチ、平均体重は68・３キロ。投手の球速、打者の打球速度なども含め、パワーの違いが明らかだった。

こちらは単打しか出ず、相手には簡単に長打を打たれるようでは戦えない。福島に戻ってからは、体づくりに力を入れた。食事の量を増やすのはもちろん、トレーニングにも力を入れた。

「心体技ばっかり狂ったように言ってたね。高校野球は人間教育だと信念を持って思ってるから、心が一番。でも、うまく振れたり、きれいに投げられる技術があっても、技術を引き出すのは技術じゃない。頂点に立つチームの力を見れば、クソ力なんだと。ウチらのチームでは、高校野球対中学野球なんだと甲子園で教えられた。体を鍛えて出力、エンジンを強化させなきゃいけないと徹底的に植えつけられちゃったんだね」

２００４年に済美が甲子園初出場で春優勝、夏準優勝の結果を残したのを見て、済美のサーキットトレーニングを取り入れるなど、いいと思うものはなんでも参考にした。現在は月に一、二度、専門の細谷裕信トレーナーに指導を受け、細谷トレーナー考案のオリジナルサーキットトレーニングを行っている。体力を強化した結果、パワーがついただけでなく、連戦や暑さの中でも力を出すことができるようになった。

さらに、トレーニングには別の効果もあった。聖光学院では年2回体力測定をして選手の能力を数値化するが、その変化を見るとわかることがある。

「50メートル走のタイムとか、なかなか伸びない項目もあるんだけど、腹筋とかベンチプレスの回数なんかは、努力すれば伸ばせる数値なんだよね。これを努力型の数値と言ってるんだけど、ここが伸びた選手がいるかどうかを見てる。実際に努力型の数値を伸ばせた選手は、野球のパフォーマンスも伸びることが多いんだよね」

やればできるトレーニングに取り組むことで、結果的に心が鍛えられる。体力強化が相乗効果を生み、聖光学院は甲子園で戦えるチームに成長していった。

「初出場のときは甲子園出場で満足したというのは認めざるをえない。なんせ知らないものは弱い。それが0対20につながった。甲子園で勝つというのがどういうことなのか、それを教わったよね。この試合がすべて。今は『これがあったから』といえる。大事な宝物だね」

苦い経験を糧に技よりも体の優先順位を上にした結果、聖光学院は勝てるチームに変貌した。

斎藤智也のセオリー29

真っ暗な山を下って自然を感じる

「外すことはできないビッグイベント」

斎藤監督がそう言うほど欠かせない行事になっているのが2004年から始まった〝山下り〟だ。

春の県大会が終わった次の週の土曜日に行われる。夜中の12時頃に標高約2000メートルの吾妻山にバスで向かう。1時間程度満天の星を眺めたあと、約1300メートルの地点からたった一人で山を下るのだ。先頭の選手が出発するのは午前2時半。斎藤監督がタイマーで時間を計り、1分おきに一人ずつ出発する。24キロの道のりを速い選手は4時間、遅い選手でも4時間台でゴールする。

「自然の中に連れて行けば自分の傲慢さがわかる。自然の強さ、人間の弱さがわかる」

スタート時は真っ暗。手には懐中電灯を持っているが、事前に熊対策の指導を受けること、熊よけの鈴を身につけることが恐怖感を増長させる。

「一人で歩くということ、一人で自然を感じることが決まり。1分おきに（100メートル間隔で）

行くので40人いると最後は3時10分になる。3時45分頃に薄明るくなってくるから真っ暗な中を歩くのは30分ぐらいしかない。でも、先頭は真っ暗の中で1時間15分ぐらい歩かなきゃいけないからきついんだよね。ホント、怖いと思う。小動物が動いて、ガサガサガサって音もするしね。恐怖との戦いだよ。22年のヤツらには『懐中電灯を照らすとおもしろくないぞ』と言ったから、本当に真っ暗な中を歩ってたね」

何も見えない中で歩くのは恐怖でしかない。22年のキャプテン・赤堀颯は山下りの体験をこう言っていた。

「懐中電灯をつけないようにしたら怖すぎて。地面で凹んでるところがあったり、葉っぱが落ちてきたりするんですよ。（頭上に）木が覆いかぶさってるところは怖い。月が見えたり、星が見えたりすると落ち着きます」

はじめは恐怖との戦い。それが、明るくなるにつれて徐々に感じ方が変わってくる。斎藤監督は言う。

「疲れて思考力がなくなってからが勝負なんだよね。そのときに本能が出てくる。4時前で少し薄明るくなってきたときに鳥が鳴き始める。鳥のさえずりや、川の流れ、風にそよぐ葉っぱの音とかを聞いて、何か感じるんだね。もうちょっと明るくなると、雑草がアスファルトから飛び出ているとか、木の間から光がこぼれるとかが見えてくる。そのうちに、普段自分が縛られている名誉欲、勝負欲、こうであり続けなきゃいけないという欲から解放されて、もう一人の開放的な自分が出てくるのに気づく。ミーティングで感じるプロセスが育ってるから、自然の中に連れて行くとクライマックスを迎えるんだね」

山下り終了後、選手たちにレポートを書かせるが、その内容は斎藤監督が感心するものも多い。

「自然は一切言い訳しない」

「自然は裸なのに、オレは服を纏《まと》っている。おかしくないか。裸になって木の気分を味わって歩いてみた」

「斜めになっている木が何十年も倒れないのは根っこが強力だからだ。自分たちもそういう根っこのしっかりしたチームでありたい」

「下のほうにゴミが捨てられている場所があった。人間は小汚い。人の目を盗んでそういうことをする人間も世の中にいるのはいかがなものか」

などなど。

「いろんなのがあっておもしろいね。自然に例えたチームづくりのヒントをもらってきているのを見ると感性的だよね。年に一回、Aチームだけだけど、それを感じてくれれば十分。登山部じゃねぇから。オレの趣味といえば趣味なんだけど、自然と本気になって対話すると人間っていうのはちっちゃいし、小賢しいというのは誰でも気づくと思うんだよね。それを感じないヤツは一人もいない。『負けたらどうしよう』とか、普段からそんなことばっかりに頭の中を侵されて、『オレはちっぽけだ』とか『オレはみっともない男だ』というコメントが圧倒的に多い。『木のように、太陽のように、鳥のように素直でありたい』とか、そういうものを感じてくれれば、カッコつけたミーティングはしなくてもいいんだよね」

4時間、24キロ。誰にも邪魔されず、自分と対峙する時間。高校生にとって、その時間がいかに大事なことか。

「4時間も歩ってると足も棒になってくる。最初は考えていることがいっぱいあるのに、だんだん無になってくるんだよね。頭の中がただひたすら歩くというだけになってくる。それも大事。暗くて怖いところから解放されると野球のことを考える。『この夏どうなるんだろう。怖いな』っていう気持ちに襲われる。疲れてきてそれもなくなり、無になってひたすら歩いている状態になる。こういう時間軸の流れだと思うんだよね。いずれにしても必要なことだよね」

ただひたすらに歩く無の状態。いい意味で頭が真っ白になった状態を経験させる。そして、こう言うのだ。

「野球もそういう状態でやりたいんだよな」

高校生はまだまだ子供、そして未熟。失敗を恐れて消極的にもなれば、ミスを引きずり自分を見失うこともある。反対に、自分が目立ちたいと考えて身の丈をわきまえないプレーをしようとすることもある。そういった余計なことは考えず、無になって目の前のプレーに集中するのが理想。それができれば、自然とミスは減り、持っている力を発揮しやすくなる。

不動心、前後際断、一燈照隅……。

斎藤監督が掲げるチームのテーマは、自分自身に語りかけることで理解が深まるものばかりだ。山下りを経験し、自分自身と向き合うことで、選手たちは夏の大会に向けて、より自分が何をすべきかを明確にする。自然を感じ、自分の小ささを知り、無の境地を経験することで選手はひと回り成長する。斎藤監督はその大事さを実感しているからこそ、絶対に欠かさないのだ。

斎藤智也のセオリー30

2泊3日の不眠合宿を行う

夏の大会を目前に控えた6月。選手たちが覚悟を決める日がやってくる。毎年、第3週の金曜日から日曜日にかけて合宿が行われるからだ。その名は、誰が呼んだか〝不眠合宿〟。斎藤監督が監督に就任して2年目から欠かさず行っている伝統行事だ。

金曜日は放課後の4時から練習開始。夜中の1時頃まで練習する。土曜日は朝から練習試合を2試合したあと、夜中の12時か1時まで練習。2時までやった年もある。日曜日も朝から練習試合を2試合やり、その後に終了となる。「1学期の成績が3年生の進路のすべてだから」と、かつては期末試験前となる翌週に勉強合宿も行っていたが、現在は不眠合宿だけだ。

金曜日、土曜日の練習終了後は基本的に自由時間。朝6時に寮に集合して朝食というのは決まっているが、それまでは練習してもいいし、仮眠をとってもいい。近年は多くの選手が初日は徹夜にチャレンジするが、睡眠時間は2日間で合計4～5時間を目安にしている。寝るのは室内練習場、体育館のウエート室や2階フロア、校舎の渡り廊下など。「暑いから」とマウンドの上で寝た選手もいる。

「不眠じゃねぇんだよね。それは周りがつけた言葉。オレは寝ろと言ってんの。仮眠はしていいかんなって。『限りなく寝ない』ってことだけはテーマにしたので不眠になっちゃったんだけど。夜中の12時頃に3000メートル走とかランメニューやってるし、3時、4時でもボールを打つ音が聞こえたりしてる。選手はきついよね」

始まったきっかけは、選手たちに究極の体験をさせたいという思いからだった。

「真剣白刃取りとか、500度以上の石の上を裸足で歩くとか、要するに昔の修行なんだよね。そこに迫れねぇかなって。究極のことをやって、人間の魂に火がつかねぇかなっていうのがきっかけ」

そんなことを考えているとき、偶然目にしたのが剣道の〝お情け無用150分立ち切り試合〟だった。雨で練習を休みにして、息子をあづま総合運動公園に連れて行ったところ、体育館でそれが行われていた。立ち切りとは、元立ちといわれる選手一人に対し、数十人が交代でかかっていく試合のこと。1試合終わるごとに別の選手がすぐに立ち向かってくる。元立ち選手に休む間を与えず、体力の限界まで追い込む特別な稽古の一つで、剣術家としても知られる山岡鉄舟は一日中続けることも珍しくなかったという。

「釘付けになって見てたら、ボロボロ泣いちゃったんだよ。フラフラになって打たれて、転んで立ち上がって、またやってるのを見て、『これは究極だな、これはきついな、しかし頑張ってんな』って。

大人になってもここまで死力を尽くして戦っている姿を見て、感動しちゃった。それもヒントになってる。昔、1000本ノックってよくあったよね。あれをやる目的は疲れさせることじゃなくて、頭が無になったときに極めつけの技が出るから。フラフラになって力が抜けて、無意識でさっと出る技。『今の動き最高ね』なんていう感覚をつかませたい。そのために、こういう境地に迫れないかなと。疲れて、眠くてしょうがないところで野球の試合をやったらどうなるだろうかと思ったんだよね」

それと同時に、こんな狙いもあった。

「日常の生活の常識にあまりにも感謝しないで生きているから、布団のないところで寝させてみよう。布団を奪っちゃおうと。風呂もシャワーは浴びさせるけど、ドボンと浸かって『気持ちいいな。いい湯だな』っていうのは奪ってみようと。非教育的だから、メシだけは奪えないけどね」

そうやっているうちに、塩沼亮潤大阿闍梨（セオリー56）と出会った。聞けば、大峯千日回峰行の1年後に断食、断水、不眠、不臥を9日間続ける四無行をやり遂げたのだという。四無行とは、食べない、飲まない、寝ない、横にならないため、無事に生きて行を終える確率は50パーセントといわれる修行のこと。しかも毎日20万回、真言を唱えなければならない。

「一般的に人間は7日間水を飲まないと死ぬと言われているよね。それを9日間やるわけだから、生死の境界線ぎりぎりのライン。不眠合宿はやってたけど、塩沼先生と知り合って『これまでやってきた合宿の目的は正解だったな』って、合宿にさらに拍車がかかった。修行という名において、限りなく精神的に鍛え上げるのに寝ないのと横にならないのは重要だなと」

合宿中の選手たちはまさにフラフラの状態。時を追うごとに集中力がなくなってくる。

「日曜日にはクタクタになって、試合中の攻守交代のミーティングでも寝そうになってるヤツがいる。それを見て『よし、よし』と。これは物理的に眠いんで、怒ったりしないけどね。打席でそういうわけにはいかないから、（ミーティング中は）『立ったまま寝とけ』って。いかに言い訳しないか。『寝てないから。風呂入ってないから』と思ったら絶対能力は出ないから、そこをすごく言うね。ちょっと追い込まれて、自分の中で非常識とか理不尽だって思ったときにどれだけ言い訳しないで男らしく前向きに生きるか」

できない理由を探すのは簡単だ。だからこそ、そこで粘れるか。ひと踏ん張りできるか。

「『塩沼先生は9日間修行やったんだぞ。ありえないだろ。お前らメシ食って、水飲んでんだから。2日間ぐらい寝なくたって大丈夫。一日2時間ぐらい寝れば十分。眠いっていう現象に負けるんじゃねぇ』とか言いながら、『今までのお前らの常識を打ち破れ。非常識の中に足を踏み入れて頑張ってみようぜ。それがちょっとだけ何かの役に立つかもしんないじゃん』って。最終的には眠くて思考力がなくって、フラフラした日曜日の最後の試合でどれだけやりきれるか。オレの中ではそこに一番ポイントを置いてるね」

疲れているにもかかわらず、不思議とこの期間の練習試合は負けないことが多いのだという。

「疲れて余計なことを考えないってのもあっけど、みんな自分が何かに試されていることを感じながらね。困難を克服しようとしてる自分が、ある意味、心地いい。卒業生に訊くと、だいたいこの合宿が一番力になったって言うよね」

斎藤監督になって2年目から20年以上続く恒例行事だけに、もっとも怖いのは不眠合宿が〝イベント化〟してしまうこと。山下り（セオリー29）もそうだが、「これをやったから勝てる」というものではない。大事なのは、いかに自分自身と向き合い、何かを感じ取ることができるかだ。

「やってることはだいたい（毎年）いっしょだけど、自分たち独特のものを得てほしい。そのために、それまでに感性に響くミーティングをやってるわけだから。（感想などが）先輩からの〝受け売り〟になるのだけは絶対ダメ。そうなったら失敗だ」

合宿中は斎藤監督の睡眠時間も2日間合計で4〜5時間。体育教官室のたたみの上に冬場に着るジャンパーなどを敷いて寝る。

「ここが勝負だからね。合宿で決まると思ってっから。合宿で丸裸になって勝負できたかって。時期も6月下旬だからね。それが終わると期末試験があって大会突入なんで、ここでオレの中で一つ答えを出しておきたいっていうのはあるね。怖いから。合宿で選手がやりきったら、『これでまたオレの不安材料が消えた。よし、今年の合宿大成功。こいつらと心中できる材料がまた一つ整った。こいつらだったら、もう負けても悔いはねぇや』って思える。合宿は、そういう材料を一個一個整えていってる最後の切り札みたいな感じなんだよね」

どんなに勝ち続けていても、負けるのは怖いもの。選手だけでなく、斎藤監督にとっても、その不安を取り除くのが不眠合宿なのだ。

極限まで追い込み、究極の体験をすることでしか得られないものがある。それは、「これ以上苦しいことはない」と思えること。「自分たち以上のことをやっているチームはない」と思えること。これが夏の大会でピンチを迎えたときに精神的なお守りとなる。さらに、大会中、緊張で寝られず睡眠不足になっても「合宿をやったから大丈夫」と思うことができる。12年のエース・岡野祐一郎はこう言っていた。「大会中、緊張して寝られなかったけど、全然大丈夫でした」。

どんなに体力的につらくても、野球はできる。心が折れない限り、戦うことはできる。聖光学院らしい熱い気持ちを持って戦うため、体も心も整えるための儀式が不眠合宿なのだ。

斎藤智也のセオリー31

グラウンドを立ち入り禁止にする

「野球をやるのは人間。だから人間を鍛える」

「野球だけ強ければいい、うまければいいという意識は許さない」

斎藤監督が就任して以来、この方針はぶれていない。だから、これに反する意識が見えると厳しい制裁が待っている。もっとも重い処分が、グラウンドへの〝立ち入り禁止〟処分だ。選手たちは練習をさせてもらえず、斎藤監督の許しが出るまでグラウンドに入ることは許されない。選手間ミーティングや環境整備などで自分を見直すことを求められる。

聖光学院では決して珍しいことではないが、もっともひどかったのが2014年の代だった。なんと50日間、2カ月近くもグラウンドに戻ることができなかったのだ。極寒の福島。ただでさえ冬は雪の影響を受け、グラウンドを満足に使用できない期間がある。それに加え、自分たちでグラウンドを使えない状況をつくったのだ。数日間ならまだしも、50日間。こんなことをやる監督は、全国広しといえども、斎藤監督ぐらいだろう。

なぜ、選手たちは50日間も〝グラウンド締め出し〟を食らったのか。わかりやすい理由は、負けたことだった。当時は福島県大会で連戦連勝。08年春に磐城に負けて以来、5年以上も負けていなかった。それが、秋の県大会準決勝で日大東北に敗れたのだ。初回に1点を先制されると、4回表にも3失点。8回裏に1点を返すのが精一杯で1対5の完敗だった。エラーの数は5。ミスが出ると止められず、連鎖反応でまたミスが出る。聖光学院らしくない心の弱さが出た負け方だった。

「自分たちだけで甘い基準をつくっちゃって『簡単に負けないだろう』って試合に入っていった。だから余計相手の勢いに押されたよね。なんとかなると思っていた前提を試合の序盤から否定されて違う展開になって、『えっ⁉　まさか』というなかから焦りが出て、ウチが最高に嫌うことをやってハマってしまった。『オレたちこんな簡単にやられちゃうの？』と思いながら、足が止まり、硬直してエラーのオンパレード。三振も食らいまくり。戦いに集中できなくなるほど、自分たちが勝手に勝てる基準をつくってしまっていた。罰当たりの試合だったね」

もちろん、こうなったのには原因がある。きっかけは夏の大会前の壮行試合にあった。当時Bチームだった秋のレギュラーメンバーが、夏の甲子園で愛工大名電を破って1勝するAチームに勝ったのだ。これが慢心を生み出してしまった。

「甲子園に行った先輩たちに勝った。それによって、『秋の大会は楽勝でしょ』と大きな勘違いをした。甲子園に行ってる間、Bチームはグラウンドで練習しているわけだけど、石田と堺（コーチ）から『今までで一番夏休みの練習がぬるかったです。どうやっても、緊張したムードをつくりきれませんでした。すみません』という謝罪があったんだよね。『オレたち負けないでしょ』というムードに甘えて『勝てればなんでもいいんでしょ』となっていた。危機感を持ってるヤツもいたんだろうけど、ぬるいヤツのムードに巻かれて、チームが体たらくの方向に向かっていった。でも甲子園から戻ってきて練習試合をしたら、確かに強い。目に見える野球の能力だったら、簡単には負けないだろうなと思った。ただ、『勝っちゃいけないんじゃねぇの、このチーム』という思いも同時に生まれたよね」

斎藤監督の嫌う能力野球の集団に成り下がっていた結果が連勝ストップとなって表れた。96試合ぶりの県内での敗戦で普通は気づくはずだが、それでも気づかない。なんとか3位で出場した東北大会中にも、斎藤監督が気になることが多々あった。

「控え室のテーブルの上にユニフォームのほつれた糸が一本残ってるとか、コンビニのおにぎりの赤のセロファンの切れ端がちょっと残ってるとか。わかんねぇはずねぇんだよ。気づいてるけど、自分ではやらない。『誰かがやってくれるだろう』という依存症が出始めた。ウチにとっては一番許しがたいことだったんで、『お前ら勝つ資格ねぇな』というのを東北大会中も言い続けた」

そんな状態で勝てるほど勝負は甘くない。1回戦で盛岡大付に1対2で敗れた。

「負けたとき、オレは選手に対してなんの気遣いもなかったね。『当然でしょ。言ってたでしょ』と。

勘違いと95連勝で負けたこと。一気に向き合う、戦わなきゃなんないことがついに襲ってきた。来るべくして来たというか、こうじゃなきゃいけないとある意味思ったんだけどね。勝てない理由が、聖光学院が大事にしている分野。しかも顕著に目立ちすぎていたので、そこからいじめまくったよね」

大会後には、当時野球部で禁止していたSNSをやっている部員がいることも発覚。完全に禁止するため、スマートフォンは全員が解約した。3年生に勝ち、「自分たちは強い」と過信したことで生まれた「ばれなければいい。これぐらい、いいじゃん」という甘え。心のスキが招いた結果であることは間違いない。斎藤監督が出した結論が、「野球をやる資格なし。グラウンド出入り禁止」だった。

「あの代は、入学した時点で『オレたちは甲子園はまずお約束だ』という空気がピークだったのは間違いない。というのは、身のまわりの整理整頓とかが一気にできなくなった代だったので。ゴミを散らかしてるとか、ゴミが落ちてるのに拾わないとか、そういうことが異様に目についた。他にも、指示したことが末端まで通っていかないとか、何を取っても全部中途半端だったね。『お前ら、勝てるチームじゃねぇ。勝つのにふさわしいチームじゃねぇ。神様が微笑んでくれるようなこと全然してねぇじゃねぇか』と言いながら警鐘を鳴らしてきたんだけど、それでも〝立つ鳥跡を濁す〟ようなことが常にあって、疑問符のつく日々の連続だったよね。自分たちの都合悪いことは避けて通る、都合のいいことだけは飛びつく。右も左もわからない未熟な高校球児が、『野球だけやってれば勝てるでしょ』という一番くだらないところまで落ちぶれたと思った」

グラウンドに入れなくなり、選手たちがやったのはミーティングだった。チームには64人いたが、自分以外の63人と1対1で話し合う。「他者評価に目を向けて、エゴイストになって、嫌なことにも耳障りなことにも耳を傾けよう」とお互いに思っていることをぶつけ合った。それ以外には周辺地域の清掃や草むしり。グラウンドのネットの修繕、トイレ掃除などの環境整備に取り組んだ。10月が終わり、11月に入ってもその状態が続いた。

「毎日ミーティングはしてるけど、また言ってこないのくり返し。普通は1週間でグラウンドに戻ってくると思うんだよね。泣きながら、『練習やらせてください』って言って。でも、キョトンとしてるわけ。なんか追い込まれてないんだよね。反省してるように見えないし、我慢比べの日々が続いた。選手らは必死なのかもしれないけど、オレから言わせると『グラウンドで練習するより楽だからいいじゃん』って考えも最初はあったと思うんだよ」

毎日清掃作業を続けているうちに、地域の人たちが差し入れをしてくれるようになった。焼き鳥、みかん、チョコレート、ジュース……。それでも気づかない選手たちを見て、斎藤監督はもらったものを食べるように促した。

「お前らが未熟で、自分の心が濁ってるから、心を浄化したいがために地域に出て、奉仕活動をさせてもらってる。それなのに、周りの人は情けをかけてくれて、温かい食べ物を差し入れしてくれる。これがどれだけありがたいことか。食べて感じるといいよ」

ひと口ずつ、回して全員で食べた。八百板卓丸が堰を切ったように泣き始めたが、泣いたのは10人程度。その様子を静観していた斎藤監督はこう声をかけた。

「周りばっかり気にしてるから、入り込んでいけない。人の評価ばっかり気にしてるから、泣きようがないよな。まだ未熟だな、お前ら」

その後も劇的に変わったことはなく、斎藤監督から見れば物足りなかったが、さすがにこれ以上はグラウンドを離れるわけにはいかないという決断を下した。12月1日、ようやく50日間のグラウンド立ち入り禁止令が解かれた。

「現実的に50日間も練習やらせないというのは、ある意味アウトだからね。キャプテンに『50日も練習やってねぇチームが、夏なんか勝負になんねぇよ。タイムリミットは過ぎてる。今でも勝てねぇと思うけど、いつまでも何してんの』って言ったんだよね。それで『お願いします』とグラウンドに入ったけど、そこに感動のドラマがあったわけではない。50日も離れてて、エサに飛びつくような獰猛なハングリー精神の塊の集団になってほしいと思ったんだけど、まだ中途半端だったね。結局、幹部選手が判断を間違ってるから、みんな判断を間違う。幹部選手が間違っていることに関して、周りがたしなめることができない。この人が右と言ったら、みんな右に行く集団。『一人も違う意見持ってないのか?』『お前ら、おかしいだろ』。そんなことばっかり。判断力のない未熟な集団だったよね」

夏の大会の直前になっても試合で全力疾走をしないなど、ぎりぎりまで気づかない集団だったが、最後の最後にようやく目が覚めた。大会直前の練習でも、斎藤監督がストップウォッチを片手に選手たちの走りをチェック。少しでも抜くと選手からも厳しい声が上がるようになった。たとえ凡打しても前後際断。「結果にとらわれず、今やるべきことに集中する」。細かいことに目を向け、どんな当たりでも最後まで走りきるようになった。夏の大会の決勝は秋に敗れた日大東北に9回二死まで4点リードされた展開から追いつき、延長11回裏に柳沼健太郎の二塁打でサヨナラ勝ち。その試合後、ファーストの安田光希はこんなことを言っていた。

「相手の走る姿を見て、『本気でやっているのか?』と思いました。まぁ、自分もやってたことなんですけど（笑）。大会前はBチームにも負けて、みんなのバッティングもよくなくて、結果を求めすぎていた。打撃の結果しか見てなかった。どんな打球でもしっかり走るようになって、目を向ける部分が変わりました。そうなったからこそ、この結果もあると思います」

ファーストを守る安田は日大東北の選手たちが全力疾走していないのを近くで見て感じていた。「相手にはスキがある。自分たちがやるべきことをやれば、チャンスはあるかもしれない」。なんでもいい。「オレたちは相手より上回っていることがある」。そうやってすがる部分が一つでもあったことが、心が折れずに戦える要因になった。斎藤監督は言う。

「聖光学院じゃなくて〝ザ・聖光学院〟とわざと言ってみたりするけど、オリジナリティを意識しながらチームづくりはしてるから。聖光学院が聖光学院であるためにこうでなきゃいけないということだわりを大事にしてきたから、ちっぽけだけど歴史があると思うんだよね。一番大事なこともやれなかったチームが、野球以外の大事なところを一つひとつやりきれるようになって、大事な野球でもやりきってないことがあるじゃないかと自分たちで穴をつぶしていった。それが最終的に何か風を吹かせたんだろうなと思うね」

この代の50日間がグラウンド立ち入り禁止期間の最長だが、これ以外にも1～2週間の立ち入り禁止は珍しくない。18年は春のセンバツで東海大相模に3対12の大敗。福島に帰ってから1週間練習グラウンド立ち入り禁止になった。

「燃え尽き症候群があるのはしょうがないけど、センバツが終わってぶったるんでた」

日曜日に焼肉食べ放題に出かけた選手が、頼みすぎて食べきれなかった肉をばれないように隠したという事件が発覚した。

「センバツのときに支援してくれた人もいっぱいいるのに、ふがいない。『野球を冒涜すんのか、このヤロー。野球やる資格ねぇ』って怒ったよね」

19年は春の県大会2回戦で東日本国際大昌平に2対6で敗退。11年ぶりに東北大会出場を逃し、2週間グラウンド立ち入り禁止になった。

「あのときはキャプテンの清水（正義）が『自分たちが野球をなめてました。もう一回整理するのに野球を離れたほうがいいと思います』と言ってきたんだよね」

この代は秋の福島県大会は優勝したものの、力のないチームだった。それが、冬場の練習で力をつけ、春先の関東遠征で木更津総合、東海大菅生ら強豪を倒した。

「選手らに話を聞いたら、『前は相手がすごく力が上だと自覚して野球をやってましたけど、相手が強い感じがしません』と。そうなってきたのをよしとしつつも、天狗になるかどうかぎりぎりなんだよね。自分たちの力を少し認められるレベルまで来たという部分と天狗との境目。ちょっと危険だなと」

斎藤監督の嫌な予感が当たり、県大会前の地区予選で福島商に1対6で敗れた（第一代表決定戦）。そのあとの練習試合でも花咲徳栄に7対11で敗れたが、選手たちに危機感はなかった。その結果、11年ぶりに東北大会出場を逃すことになった。

「『能力が自分らより上なのはわかりますけど、自分らも負けてないと思います』と言ったんだよ。それで、『お前ら、危険だな。上には上がいると無力を感じると思ったら、まだ自分らが強くなったって勘違いしてる。福島商業に負けたじゃん。今度の県大会も負けるぞ』って言ったんだよね。昌平に負けて、やっぱりなと。ざまみろとは言わなかったけど、『こんなもんだ。力がついたとプライドを持つのはいいけど、勘違いしてるだけ。勘違いしたチームが敗北を喫するんだよ。2週間の間に公式戦で2敗するのは史上初、前代未聞。よっぽど重症だわ。お前らが舞い上がったツケがここできたんだ』って、負けたときにクソミソに怒ったね。『うぬぼれてんじゃねぇ、このヤロー。もともと能力ねぇんだ。春先調子がよかったからって勘違いしてんじゃねぇ』って」

このときも、グラウンド立ち入り禁止の期間に選手たちがやったのは、1対1のミーティング。レギュラー、控え関係なく、言いたいことをぶつけ合った。一人と30分話したとして、6人と話せば3時間。これをAチームの約40人全員の組み合わせでやる。一日3時間やっても、これだけで1週間はかかる計算になる。グラウンド立ち入り禁止期間は「一切邪魔しないほうがいいと思っている」と言う斎藤監督。この期間、監督は何をするのか。

「我慢だよね。オレも練習やってるほうが楽だからね。ずっと本部席で本を読んだりしながら、『早く（グラウンドに入らせてくださいと言いに）来ねぇかな』って待ってる。その日の終わりのミーティングはちゃんとやるよ。チームをぶん投げたわけではないので、今ならではの人生訓みたいなのはちゃんと喋る」

よく話すのが3－5－2の法則だ。組織はやる気のある人の上位3割、どちらでもない人5割、やる気のない人の下位2割に分かれるという法則（2－6－2の法則もあるが聖光学院では3－5－2を採用）。これを話し、自分がどの立場にいるのかを自覚させる。目をつぶらせて、自分がどの位置にいると思うか挙手をさせるのだが、3で挙げる選手は3、4人。5で挙げる選手が大多数で、2で挙げる選手が3分の1程度になることが多いという。

「そのときは謙虚だから、あえて自己評価を低くして2で手を挙げる。おもしろいのが5のヤツがへりくだって2で手を挙げることが多いこと。その反対もあって、『ふざけんな。お前は2のくせに5に入ってるじゃねぇか』ってこともある（笑）。名前は言わねぇけど、目を合わせながら、『A君、B君、C君、お前ら5で手挙げたけど2だ。自分でわかってるくせして、体裁を保って5に入ったじゃねぇか。おかしくねぇか？　あるヤツは3か5にいてもいいのに、存在感がなくてチームに役立てないと思って2に挙げてる。そういうヤツは見直すわ』とか言いながら気づかせていくよね。2に挙げたヤツが最後にベンチに入ったり、試合に出たりするのがおもしろいよね」

説教じみたミーティングではなく、気づかせるミーティング。ときには笑いも交えながら、手を変え品を変え、話していく。

「こういうことをやると話が盛り上がるよね。（いつまでも何をしているんだという）怒りもあるけど、自分らでグラウンドを出て反省しているわけだから。オレも出ろって言ったし、何か大きく話の筋道が通った、記憶に残るような話をしてスイッチを入れてやる。そうやってやる2週間なら、練習しなくても有意義だと思う。こっちもエネルギー使うけどね。普段と違う意味でミーティングも気合入れるから」

年間を通してのミーティングで斎藤監督と選手の価値観を合わせていくが、「勝てば何をしていてもいい」「野球をやるのが当たり前」など、どうしても合わなくなったときにグラウンド立ち入り禁止令が出る。ポイントは一度グラウンドを出ると決めたら、妥協せずにとことんまでやりきること。

ミーティングをしている横ではBチームが普通に練習している。同様に他校も練習していると思うと焦りが出るが、気にせずに気づくまで待つのだ。

「1～2週間は焦らないよね。これで絶対プラスに転じる。チームがよくなる。一人ひとりの絆が強くなる。そのエネルギー、パワーがチームに増したほうが、夏は絶対大きな武器になるってオレは信じてるから。バッティング練習が2週間削られたところで、じゃあ、どうなんだと。細かい部分で最後にひと伸びしてほしいというのはあっけど、やっぱり価値観が違うんで、そっちのほうが大事だろうなと。さすがに50日のときは焦ったけどね」

何も考えずにただ過ごす時間は無駄なだけ。たとえ技術練習をしなくても、とことんチームメイトと向き合い、自分と向き合うことで人は成長する。チームも成長する。グラウンドに入れさせないという荒療治。これを躊躇なく、平気でやってしまうのが斎藤流なのだ。

第4章

戦い方、采配

斎藤智也のセオリー 32

徹底的に分析する

これだけうまくいくのも珍しい。それぐらい狙い通りだった。

2016年夏の甲子園3回戦・東邦戦。東邦のエースは藤嶋健人（現中日）だった。140キロ台の速球と縦に鋭く落ちるナックルカーブを武器にするプロ注目右腕。実は、その決め球に攻略の糸口があった。

「左バッターのとき、外にはまっすぐが抜けちゃってたので放れない。内に構えたらストレートかナックルカーブ。ナックルカーブだったら盗塁は絶対セーフ。インコースのストレートでも、バッターがよけるぐらいちゃんと胸元に来たボールだったらセーフになる」

1回表、先頭の俊足・松本康希がレフト前ヒットで出塁。二番は左打者の小泉徹平だった。いつもの聖光学院なら送りバントのケースだが、小泉にその気配はない。そして、3球目。捕手が内角に構えたのを見て、松本はスタートを切る。狙い通り盗塁に成功した。さらに、カウントが2－2になったあとの5球目。ナックルカーブがワンバウンドになったのを見て、松本は三塁へ走る。楽々とセーフになり、無死三塁の好機を作った（記録は暴投）。

「ビデオを見たら、二塁ランナーからは握りが見えるのがわかった。ナックルカーブの握りは（特徴があるので）わかる。2ストライクからは絶対ワンバウンドを投げたいから、『2ストライクになってナックルカーブの握りだったら走れ』と。藤嶋を攻略するんだったら、初回に松本が出ることが大前提。理想はノーアウト三塁。最低でもワンアウト三塁はつくりたいと思ってた」

捕手のサインを盗んで伝達したわけではない。相手のスキを見破って、走者の目を使って決めた盗塁だった。小泉は三振で一死となったが、三番の加納皐がライト前にタイムリーヒットを放って先制。得点にはつながらなかったものの、2回にも藤嶋のけん制悪送球（記録は一塁手の失策）、さらに二度、ワンバウンドの変化球で走者が進塁している（いずれも記録は暴投）。走者が重圧をかけた結果だった。

「初回に走ってからはけん制が多くなったけどね。あの日は試合前夜のミーティングで盛り上がってた。明日は仕掛けるぞって」

打者に集中させず、投球のリズムを崩させたことで好投手・藤嶋から6回途中まで9安打4得点を奪って番狂わせを演じた。12年の日大三戦でも分析が活きた場面があった。相手エース・斉藤風多の傾向から、斎藤監督は選手にこう伝えていた。

「一回プレートを外して偽投したら、次はけん制がねぇから走れ」

これを実行したのが一番の安西聡。3回裏に三塁手の失策で出塁すると、二塁盗塁に成功。直前の偽投を見て、思いきってスタートした結果だった。

そして、記憶に新しいのが22年夏の甲子園2回戦・横浜戦。2対2で迎えた5回裏だった。バントヒットで出塁した赤堀颯が二番・高中一樹の初球にスタート。初球の前に横浜が得意のゴー・バックけん制（ファーストがバント守備にダッシュしたと見せかけて一塁ベースに戻り、そこにけん制する）を見せたのを見て、「このけん制のあとに続けてけん制はない。偵察はやり残しがないように見ました」（赤堀）と読みきって走った。

「ノーサインで勝手に走ったんだよね。あれはオレも気づかなかった。あいつら、何回ビデオ見たんだろうって思ったね」

この3例に代表されるように、聖光学院は徹底的に相手を研究する。選手は選手、監督は監督で分析し、ミーティングですり合わせる。足を使うチームだけに、投手のクセや傾向を探すことは、他のチーム以上にこだわっている。斎藤監督自身もかなりの時間を使う。

「ビデオは見まくってるね。ピッチャーはスローで見ながら、首の使い方はどうだとか、足の幅に違いはないかとか見るよね。けん制を何球投げるかとかも見るし、けん制のときのタイムも計る。甲子園で情報がふんだんにあるときは、練習のアップのときにオレがピッチャー役をやることが多い。『（プレートを）二回外したら一発で行け』『首を一回振って止まったらけん制がない』『首を一回振って2秒以内は警戒しとけよ。けん制あるから』『ピッチャーがサードのほうを見たら100パーセントけん制がくる』とかほとんどやってるね。県大会でも警戒してるチームのときはやる。当日、相手と同じ球場で練習するときはやらないけどね。ミーティングで確認しといて、頭で整理しろって」

このように実際にシミュレーションをするのがポイントだ。実は、聖光学院も甲子園で痛い目に遭っている。14年の夏の甲子園2回戦・佐久長聖戦で3人の走者がけん制でアウトになってしまったのだ。相手投手のセットポジションのタイミングが一定。4秒数えたらスタートという打ち合わせはできていたが、どの走者も、まだ投手がセットポジションに入っている段階でフライングでスタートして飛び出してしまった。

「映像のイメージで試合に入った気がするね。実際に練習会場で（相手の動きを）同じようにコピーしながら練習してなかったんだよね。選手は試合でのプレーになると気持ちが少し焦るんで、数え方が速くなる。だからフライングしちゃう。大反省だったね。狙ってるのを自分らでばらしちゃって、自分で墓穴を掘ってアウトになる。結局、その戦術を使えなかった。映像をリアルに再現しながら走塁練習しないといけない。『これ見ろよ。これぐらいのタイミングだからな』ってアバウトに言ってもダメ。『セットポジションで静止したときにゼロと言え』とか『（1からではなく）0、1、2と数えろよ』とか。『2秒だぞ』と言うと、（セットで）静止したときに1になっちゃう。そういうところを明確にしないといけない」

分析し、クセや傾向を探し出す。さらに、それを実際に再現してやってみる。だいたいわかっているから「大丈夫だろう」は命取りになりかねない。準備と確認で「だろう」をなくす。徹底的な分析と準備が聖光学院の足を支えている。

斎藤智也のセオリー33

抽選は左から二番目を引く

左から二番目の伝説——。

斎藤監督がこう呼ぶ〝くじ引き論〟が聖光学院の躍進を支えてきた。福島県では、春と秋の県大会の組み合わせ抽選は監督がくじを引くことになっている。そのとき、斎藤監督は必ず同じ場所のくじを引いてきた。

「左から二番目って決めてるね。カードならいいんだけど、（くじの形状が）ボールだったら困る。そのときは直感で触って左から二番目の位置にあるボールを取る。（くじの形状が）箸だったら、上から見て左から二番目にある箸を抜く」

夏の大会はキャプテンがくじを引くが、そのときは左から二番目を引くように指示した。

「『くじはオレの中でのルーティンがあるけど、あやかるか？』って。横山部長も『監督のルーティンを採用したほうがいいんじゃねぇか』ってうまく言うんだよね」

長らく高校野球の監督を見てきたが、くじを引く場所を指示する監督は聞いたことがない。少なくとも、強豪校にはいない。なぜ、そうしてきたのか。

「自分の中でそう思ってやってきたら、何か知らないけど勝った。甲子園に何年も続けて行くようになって、甲子園でも勝つようになった。これは裏切っちゃいけねぇなと。そう思ってたからずっとやってきたんだけど、そしたら繁栄したんだよね」

とはいえ、決してくじ運がいいとはいえない。聖光学院の甲子園初戦を見ると、日本一経験校との対戦が多いのだ。08年春の沖縄尚学、09年夏のＰＬ学園、10年夏の広陵、12年夏、22年夏の日大三、13年夏の愛工大名電、15年夏の東海大相模、18年夏の報徳学園……。勝ち上がっても日本一経験校との対戦が多く、10年夏に広陵に勝つまでは05年夏に佐賀商に勝ったのを除くと、07年夏の広陵、08年春の沖縄尚学、08年夏の横浜、09年夏のＰＬ学園と4連敗を喫している。この間、国体でも智弁和歌山、常葉菊川に敗れており、6連敗。日本一経験校の壁が立ちはだかった。

「抽選くじは実際には悪いんだけど、裏を返せばいいことでもある。（10年夏に）広陵、履正社に勝てた。これによって、ウチの存在感、ネームバリューが高まった。だから、悪いようなんだけどいいこと。聖光学院にとっていい風を吹かせるための、左から二番目の伝説なんだと」

07年から19年にかけて13年連続出場、広陵、日大三など日本一経験校の壁も破り、近年はくじ引きの度に斎藤監督が左から二番目と指示することはなくなった。「最近は自分で引くヤツと半々だね」。

それでも、常に斎藤監督はキャプテンに〝お守り〟を持たせて抽選に臨ませる。渡すのは、仙台にある慈眼寺で住職を務める塩沼亮潤大阿闍梨からもらった数珠やお札だ。

「これは神頼みじゃない。『命がけで苦しんだ男に比べたら、死ぬ寸前まではありがとうございますという感覚が必要だよ』という意味だね」

どんな抽選結果であっても受け入れて、淡々と試合に臨む。それを再確認するためのアイテムなのだ。〝左から二番目論〟を信じ、どんなにくじ運が悪いと言われようとこだわってきた結果が、現在の聖光学院をつくった。斎藤監督はそう信じている。

斎藤智也のセオリー34

じゃんけんに勝ったら後攻を選ぶ

先攻が16試合（9勝7敗）に対し、後攻が24試合（14勝10敗）。夏の甲子園40試合の内訳を見てわかる通り、聖光学院は後攻型だ。守備、バント、走塁など負けない野球を重視するスタイルだけに、まず守りから入ることでリズムを生み出す。

「ほとんど裏取れ、だね。先攻を取れと言った記憶はないな。赤堀（颯、22年の主将）には全部任せてたけどね。もちろん、どの相手でもウチが圧倒するという前提では考えてない。接戦を覚悟して入って、接戦をものにするという考え。互角に戦えるかもしれないけど、どっちにしてもロースコアの大接戦になるだろうなというときは裏が有利。終盤の攻防、９回裏、延長を見据えたときには、裏を取るべきだというのがある」

後攻を選択するのは、戦力以外の要素もある。それは、聖光学院が精神面を重視したチームづくりをしているということ。高校野球の場合、接戦の終盤は技術面の差よりも精神面の差が勝敗を分けることが多い。

「ウチみたいなやり方、チームづくりだと、後攻のほうが有利だと思うね。メンタルを鍛えて、限りなく自分たちで自信を持つようなチームづくりをしてるから。終盤勝負になれば、相手は焦るし、うちはあわてない。我慢力があるからじわりじわりいける。『表だったらこの試合取れたのに、裏だったから取れなかった』というのは記憶にない。でも、『この試合、裏だから取れた』というのはいっぱい出てくるよね」

そう話す斎藤監督だが、一度だけ、後攻を取って後悔したことがある。甲子園初采配となった01年夏の明豊戦だ。

「15対0でいいものを、9回で20対0にしたんだよ。裏を取っちゃってね」

先攻を選択していれば相手の攻撃は8イニングだけですんだが、後攻を選択したために9回表に5点取られて20失点までいってしまった。力の差があるときは相手の攻撃は1イニングでも少ないほうがいい。これを教訓にして、春のセンバツの資料となる東北大会では、決勝戦では先攻を選択することを考える。例年、センバツの東北枠はわずか二つ。決勝に進出しても大敗すれば選考漏れする可能性があるからだ。

「馬淵さん(史郎、明徳義塾監督『明徳義塾・馬淵史郎のセオリー34』を参照)も言ってるけど、センバツがかかっている準決勝とか決勝は絶対先攻。1イニング多く攻めさせて、罰が当たって点取られたらすべて失うからね。ただ、甲子園は最終章。チームが負ける最後の場所だから接戦を想定して裏を取るという考えは変わらない。先攻を取るとしたら、相手が大阪桐蔭とか力の差があるとき。『初回いくぞ』とそこに全精力をかける、生徒を鼓舞するためにやるかもしれないね」

とはいえ、基本的には後攻。まずは守る。負けない野球をする。それが就任以来変わらない聖光学院のスタイルなのだ。

斎藤智也のセオリー35

小細工ができない選手は二人並べない

ジグザグ打線がポリシー――。

こう聞くと、右打者と左打者を交互に並べる打線をイメージするが、斎藤監督の言うジグザグはそうではない。バントがうまい選手とバントがうまくない選手を交互にするのだ。言葉を換えれば、バントが下手な選手を並べないということになる。

「特に下位打線にバントが下手なヤツが並んでるチームづくりはしたくない。送りバント、セーフティースクイズというシーンができたときに、『巡り合わせが悪いな』ってなるのは嫌なんだよね。ピッチャーにバント練習をさせると言った通り、七番、八番はどっちかに打てるタイプの選手がいたとしても、どっちかには必ずバントマンがいるってことだね」

不器用で小細工ができないうえに足が遅ければ、作戦は限定されてしまう。聖光学院のように打力で勝負するわけではないチームにはそれが致命傷になる。特に接戦の終盤でどうしても1点がほしいときに策がないようでは、強豪校相手に星を拾うことはできない。打線をつなげるために、小細工ができない選手は並べないのだ。

データ（88ページ表2）からもわかるように斎藤監督は三番最強説。一番にもミート力があり、出塁率が高い選手を置くが、つなぎの野球だけに高い水準を求めるのは二番だ。

「二番は総合力といわれるけど、送りバント、エンドランに対応できる選手で三振が少ないヤツ。パンチ力はなくても器用な選手というイメージだね。左バッターだと（走者一塁で打って）引っ張れるし、盗塁のチャンスもあるし理想だね」

無死一塁から最低でも一死二塁をつくって最強の三番に回すのが二番の仕事。送りバントはもちろん、バントの構えからエバースしたり、バスターをしたりして投手を揺さぶり、打者有利のカウントをつくる。2ストライクに追い込まれても送りバントやエンドランでチャンスを広げる。簡単に終わらず、最低でも進める。それが聖光学院の二番の条件になる。

四番、五番は長打もあり、打てる選手を置くが、それ以上に重視するといってもいいのが六番だ。

「六番はキーマンとして大事に考えてるよね。（クリーンアップが出塁して）ランナーを置いているところで回ってきて、打点が多くなる打順だからね。勝負強い選手、ラッキーボーイを置きたい」

斎藤監督の息子二人、寛生と英哉はクリーンアップに座る力もあったが、六番を打たせた。英哉は10年夏の甲子園の履正社戦で同点の8回裏に決勝の2ラン本塁打。父親と並んでお立ち台に立った。

また、聖光学院らしさが表れているのが八番の四死球の多さ。打率は低いものの、四死球の数は上位打線とそん色ない数字を残している。九番が打力のない投手のことが多い聖光学院。そのため、「待て」のサインも使いながら、一人でも多く打順を進める努力をした結果が、四死球の多さとなって表れているのだ。

どの打順でもフォアボールを選べ、送りバントができる。つなげる選手が並んでいることが、負けない野球へとつながっている。

斎藤智也のセオリー36

9回の攻撃にいい打順で入れるようにする

「負けてっけど、打順はウチのほうが進んでるんだよね」

劣勢の展開でも、斎藤監督はこんなことを考えていた。2013年夏の福島県大会決勝・日大東北戦。4回まで5安打を放ちながら無得点。0対2とリードされていた。4回終了時の最後の打者は日大東北が八番、聖光学院が九番。これはチャンスをつくりながら点が取れていない証明ともいえるが、斎藤監督が見ているのは今よりも先だった。

「(走者一塁で)強攻してゲッツーとか、エンドランを空振りしてランナーが死ぬとかすると打順送りが一つ減るなと。終盤までもつれるとすると、最終回に七番、八番、九番なのか、一番、二番、三番なのかはやっぱり違うもんね。9回で5打席目ならいい攻めしてる。ヒット5、6本じゃ、5打席目は回ってこない。9回にいい打順で入るのを目標に打順を送るのを意識するよね」

9回裏の攻撃前まで3対4とリードを許したが、9回裏は三番・横水風寅からの好打順。横水が内野安打、続く園部聡（元オリックス）が四球で出塁してチャンスをつくり、二死からの同点劇につなげた。

相手が勝利を意識する最終回に、いかに上位打線から攻撃をスタートさせるか。斎藤監督は、普段の練習試合から選手たちに口酸っぱく言う。

「強攻してゲッツーがいくつかあったことによって、最終回が七番からスタートになる。それなら、ここは点数が入らなくても、打順を一人ずつ順送りすれば、8回は下位打線で点数が入らなくても9回は絶対上位に回るだろうと。そういうミーティングをよくするよね。だから、ここでゲッツーになっちゃダメなんだって。バント失敗がこういうふうに響くんだぞって」

以前から意識していたが、年を増すごとにこだわりが強くなってきた。近年は、公式戦でも選手たちにこの話をする。

「七番が出て2アウト一塁。八番には、『(九番の)ピッチャーまでつなげよ』と言う。一人出て九番までつなぐ。七番で終わるところが九番で終われた。それは大事にしてる。『最終回に5打席目が回ってくるのが何番までか。四番まで回したいね。つなぐよ。点入んなくてもいいから、一人でも多く塁に出ろ』という声は結構かけるな」

2アウト一塁から、チャンスを広げるためというよりも、九番に回すためにセーフティーバントを試みるケースもある。点を取りにいく作戦ではない。打順を進める作戦。選手たちも気楽にできる。

そういう意識づけをしているから、無駄な打席をつくる選手はいない。たとえリードされていても、気持ちを切らさず、少しでも打順を回そうとする。一人でも多く回せば、最終回の9回二死満塁で九番打者で終わるのか、一番打者まで回せるかの差になるからだ。

どんな試合展開でも、無駄にしていい打席などない。無謀な走塁死などもってのほか。常に先を見て、一つでも多く打順を進める。それが、聖光学院のつなぎの野球なのだ。

斎藤智也のセオリー37

“ロケット”で点を取る

通称・ロケット――。

聖光学院では、三塁走者が内野ゴロで突っ込むゴロ・ゴーをこう呼んでいる。聖光学院の必殺技の一つだ。きっかけは2003年。水戸短大付（現水戸啓明）との練習試合だった。斎藤監督が「衝撃だった」と言うぐらい走塁で点を取られ、0対28の大敗。走者三塁の場面で内野ゴロやセーフティースクイズで簡単に点を取られた。「走塁を見せつけられて野手がバタバタになった」ことで、翌年から本格的に走塁練習に取り組み始めた。

三塁走者は三塁のファウルラインの1メートル後ろにリード。小刻みのジョギング走で助走をつけ、最後にダダダッと足を合わせて突っ込むのがロケット。ただ、このやり方だと捕手と正対することになるためストップできないことがあった。打者が空振りしたり、見送った場合はそのままローリングして戻るが、正対するがゆえに反転して真後ろには戻れない。楕円運動になる分、バランスを崩したり、戻るのが遅れて捕手の送球に刺されることがあった。

しばらくはこのやり方でやっていたが、改良に取り組み、08年頃から取り入れたのが〝新ロケット〟だ。「(一塁や二塁の)シャッフルでいい動きをするんだから、三塁ランナーもシャッフルでやったらどうなんだろうと思った」。横シャッフルなら捕手と正対しないため、簡単に戻ることができる。他の塁と同様にシャッフルをして合わせてみたところ、インパクトから本塁到達まで旧ロケットと同じ3・2秒で来られることがわかった。選手たちの意見も「シャッフルのほうがいいです」という声が多く、安全な動きを優先して移行することにした。

ゴロ・ゴーのポイントはなんといっても、いかに打者が打った瞬間に足を合わせるか。右足が空中に浮いている状態でインパクトを迎える練習をくり返した。右足が空中にある時間を長くするため、あえて相撲の四股のように大きく上げるところから始め、徐々に足の上げ幅を小さくしていく。すり足のようになって合わせられるようになると理想だ。足を合わせられるようになるためには数をこなすことが必要。冬場も室内練習場でゴムボールを使って練習する。

「ピッチャーに投げさせて、オレが打ったり、バントしたり、バットを引いたりしてやる。オーバーステップは一歩までとか、ツーステップオーバーしてるとか、みんなでヤジりながらやる。冬場はその練習が楽しいね」

実戦で採用して問題になったのは、ロケットのサインを出したときに打者がゴロではなく、ライナー性の打球を外野に打った場合。フライなら戻る時間があるが、ライナーだと打球が速いため戻れず、「タッチアップできたのに……」と悔いが残る場面が多くあった。その対策として、三塁走者はヘルメットを深くかぶり、視界からボールが消えたらバックという決めごとをつくって徹底した。

「ライナーとはいっても、内野がジャンプしても届かないぐらいの角度で行ってるわけだから、外野へのライナーというのはわかる。落ちるか、浮くかという判断は反射的に練習するしかない」

くり返し練習した結果、ロケットで飛び出しても素早く戻り、タッチアップで点数を取れることが増えた。旧ロケットからはかなり進化し、完成形に近づいている。

この〝必殺技〟が活きたのは13年夏の福島県大会決勝・日大東北戦。3対4の9回裏にあと一人から追いつき、迎えた10回裏だった。一死二、三塁から横水風寅が一塁へのゴロ。三塁走者の酒谷遼がロケットで突っ込む。一塁手の懸命のバックホームも間に合わず、酒谷が本塁に滑り込んでサヨナラ勝ちを決めた。本塁到達タイムは3秒28。シャッフルでやや足が合わず、目標タイムには届かなかったが、土壇場の緊迫した場面で及第点のタイム。打てなくても点を取る、聖光学院らしい勝ち方だった。

斎藤智也のセオリー38

セーフティースクイズで点を取る、点をやらない

セーフティースクイズ。

これもまた聖光学院の十八番の一つだ。ロケットと同様に水戸短大付に大敗してから磨いてきた。斎藤監督が「トライ数と得点数はほぼ一致してると思う」と言うほど自信を持っている。セーフティースクイズを決めるポイントはいくつかある。

「バッターの制約事項としては、左バッターはストライクゾーンを広めにする。狭くして迷いながらやるとキャッチャーがひざをついたまま投げる練習をしていたらアウトになっちゃうから。左バッターはバットを引くのを早く、ストライクゾーンは広めでファウルでもいいからやっちゃえと。右バッターはストライクゾーンの中で勝負していい。右バッターはちょっとバットを引くのが遅れても、三塁ランナーは戻れるので。右バッターのときはセーフティースクイズが決まりやすい。三塁ランナーのキャッチャーのけん制に対する恐怖感が少ないから。左バッターのときは恐怖感が増えるから

広めにやる。左バッターの場合は二塁ランナーの送りバントと似てるかもしれないね」

右打者の場合、走者は投球の高さと打者のバントの構えを見てスタートする。外のスライダーで空振りする場合も出てくるが、その点は心配していないという。

「右ピッチャーの外のスライダーを追っかけるということは、バッターもかぶさっていく。空振りしてもキャッチャーも（捕球するためにボールを）追っかけていくわけだから、体勢的には難しい。左バッターが左ピッチャーのスライダーを追っかけてキャッチャーがボールを捕れば（投げる）スペースがあるのでアウトだけどね。左バッターのときはちょっと心配するけど、右バッターのセーフティースクイズで三塁ランナーが憤死する危険性はほとんどないね」

一塁手と三塁手の動きにもよるが、バントを転がす方向は右投手の場合は一塁側、左投手の場合は三塁側が基本だ。

「三塁側にいい感じでバントしても、右ピッチャーだったらグラブトスができちゃう。右ピッチャーで一塁側に転がされたらどうにもならないね。反対に左ピッチャーなら一塁側のほうがトスできる。三塁側のほうがミスが多い」

その理由はグラブをしている手と反対側のほうがトスしやすいからだ。

「グラブ側のほうの打球は脇があくのでトスミスが起こりやすい。手首だけの動きになりやすいから。反対側だと脇がしまった状態になって手首を使わなくてトスできる。右ピッチャーの場合、（グラブと反対側にやれば）三塁ランナーが突っ込んでくるコースから考えるとアウトになりやすいよね。ピッチャーが一塁側のほうに行くのは、だいたいセーフになる。三塁側にやるんだったら、サードに捕らせる。ピッチャーに捕らせない。その自信がないんだったら、一塁側に転がしなさい、ファーストに捕らせなさいと言うね」

走者一、三塁の場合はファーストがベースについているため一塁側が基本になる。

「角度的にも一塁側だとタッチまでの時間が生じる。三塁側だとキャッチャーに真上から（タッチを）突きさされちゃうから。ただ、三塁側でもサードは意外と出てこないよね。プレスをかけてくるファーストはいるけど、サードはいない。ベースについているのもいるし。ついているサードだと『もらった』と思うよね。ベースにつきながらプレスしてくるサードもいるけど、プレスすればするほどランナーも出れるんで、ピックオフさえなければ、バントをやらなかったらいっしょに戻って行けばアウトにならない。サードが（ベースに）ついている場合、ロケットの出幅が小さくなるので、三塁側に中途半端なバントになって、右ピッチャーにグラブトスされると完璧アウト。なので、基本的には一塁側が望ましい。インコースに来ても一塁側は練習すれば楽。外ならそのままやればいい。左バッターはインコースに来るとちょっと難しいけどね。右バッターのほうが成功率高いよね」

セーフティースクイズに絶対の自信を持っているだけに、守備面での相手のセーフティースクイズ対策にもぬかりはない。必ず練習するのは、右投手なら三塁線、左投手なら一塁線の打球をバックハンドで捕ってのジャンピングスローだ。

「何回もやるね。右ピッチャーの場合、突っ込みがよければそのままランナーにタッチできるケースもあるし、ジャンピングスローをすればキャッチャーは真っ正面なんで角度的には有利だよね。セーフティースクイズでは何十点も取ってきたけど、点数を取られたのはほとんど記憶にないよね」

もっともセーフティースクイズが決まりやすい一、三塁の守備にも自信を持っている。ポイントはファースト。一塁走者がいるため一塁ベースについているチームがほとんどだが、聖光学院はファーストの動きであらかじめ一塁走者を封じる。

「横浜高校がよくやるフェイク牽制を見せると一塁ランナーは動けない。ファーストは一塁ベースの1メートルぐらい前にいて、ピッチャーが投げると同時にファーストがダッシュする。三塁ランナー（のタイム）が3・5秒ぐらいだとたいがいアウトだね」

フェイクけん制とは、横浜で〝ゴー・バック〟と呼ばれているもの。ファーストがバント守備で前にダッシュしたと見せかけ、一塁ベースに戻ったところにけん制をする。やるときはファーストからブロックサインを送るため、やらないときは迷わずプレスをかけることができる。

走者単独三塁のときはファースト、サードが両方ともプレスをかけ、投手がサイドウエスト（捕手が立ち上がらないで横に外す）。捕手が三塁ベースに入ったショートに送球して飛び出した三塁走者を刺す。

「ウチが攻撃でやられたら困ることを守備で適用すると相手にすごく有効。表と裏を見ていかないといけない。自分のチームって意外と目がいかない。意外と見落としちゃうんで」

必殺技である以上、攻撃だけではいけない。守備にもこだわるからこそ、本当の武器になるのだ。

「タイムにこだわらず、セーフティースクイズを『バントして、サードランナーが走る』としかとらえていないチームもある。バントしていいところに転がれば1点、悪いところに転がればアウトみたいな。走塁を磨いていないチームは、最高のバントでもランナーが走ってないときがあるんだよね。送りバントはバントがちょっと下手でもランナーの走塁力。シャッフル、ゴーの力。セーフティースクイズは、走塁はもちろんだけどバント力だよね。バッターの巧みさ」

甲子園でもセーフティースクイズで勝った試合がある。一つは、2014年夏の甲子園3回戦の近江戦。9回裏、0対1から同点に追いつき、なおも一死一、三塁という場面だった。同点のため、三塁走者が本塁を踏めば試合は終わる。一塁走者は勝敗に関係ない。ところが、近江のファースト・山本大地は一塁ベースについていた。打者の石垣光浩は2球見たが、ファーストはそのまま。3球目にセーフティースクイズのサインを受けた石垣がきっちりファースト前に転がし、三塁走者の安田光希がガッツポーズで生還。三度目のベスト8進出を決めた。

「(一塁手がベースから離れていて)もし一塁ランナーが盗塁して二、三塁になれば、石垣は敬遠だっただろうね。ウチとしてはそれが一番嫌なケースだった。初めは打って一気に勝負という気持ちで強攻したけど、冷静に考えたらファーストが一塁ベースについている。セーフティースクイズの選択肢を優先するのは当たり前だろうと思い直して切り替えた」

相手のボーンヘッドを見逃さず、お家芸のセーフティースクイズによる決勝点。聖光学院らしい会心のサヨナラ劇だった。

もう一つは、18年春のセンバツ1回戦・東筑との試合。3対3で迎えた9回表一死二、三塁。「（セーフティースクイズは）打席に入る前に言われて、心の準備はできていた」と言う二番・横堀航平が1ボールからの2球目を一塁前に転がす。相手の送球ミスも誘って二塁走者まで生還。5対3で開幕戦を制した。

「1球目で構えたときにファーストがダッシュしてこなかった。逆に、ベースに戻ったぐらい」

打てなくても、点を取る。決定打が出なければ、小技でもぎ取る。聖光野球の真骨頂。それが、セーフティースクイズなのだ。

斎藤智也のセオリー **39**

取れるときはスクイズしてでも取る

甲子園でのスクイズ。斎藤監督には苦い思い出が二つある。

一つめは、初出場した2001年夏の甲子園。7回まで明豊に0対10とリードを許して迎えた8回表。4点を追加され、なおも一死三塁の場面で小玉孝監督は「最後まで何が起こるかわからない」と15点目を取るスクイズをしてきたのだ。「あれは効いたね」。これでさらにリズムを崩し、0対20の屈辱的大敗を喫した。

もう一つは、04年夏の甲子園。6点差を守れずサヨナラ負けを喫した東海大甲府戦。8対2とリードした6回表だった。一死二、三塁で打順は六番の斎藤卓也、七番の佐々木将太と続く。6点差はあるが、甲子園は何があるかわからない。確実に1点が欲しい場面だった。

「佐野（恵太、途中登板の相手エース）の状態だとウチの下位打線では点数が入らねぇのが普通だなと。だから、スクイズなんだよね。でも佐野のフィールディングが超一流というのがわかってたから、そこはちょっと自分で逃がしてたね。スクイズやって点数取れないんだったら、打ってロケット（聖光学院での三塁走者のゴロ・ゴーの通称）のほうがまだいいかなとか、中途半端に攻めたね。このサインを出して悔いが残らない方法はなんだっていったときに、斎藤にしても佐々木にしてもバント下手じゃないんで、スクイズ仕掛けるべきなんだけど、展開にあやかっちゃってるんだよ。8対2という展開に。まぁ、雑に攻めてもいいやという展開になっちゃってたもんね」

5対4ぐらいの試合を予想していたが、相手はエースを温存。控え投手をことごとく打ち崩して大量リードを奪った。四番手として佐野が出てきたのは6回。その佐野からも1点を奪ったことで斎藤監督にスキが生まれた。

「（6点リードで）あそこでスクイズするのはちょっとナンセンスかなというのもあった。アメリカ的な野球観でいったらちょっと姑息な部分もあるのかな、なんて考えもあったしね。このままでも十分に逃げきれるというのもあった。だからオーソドックスに攻めるべきだろうと。仕掛けもせず、強引にただいっちゃっただけだよね。明豊にやられたのに、教訓にできてなかった」

反対に、教訓にした試合もある。03年の福島県大会準々決勝・勿来工戦。2対0と聖光学院リードで迎えた4回、相手がスクイズで1点差にしてきた。相手の監督は1994年夏に双葉を率いて甲子園に出場し、1勝を挙げている相原登司輔監督。当時の福島では一番の策士といわれていた監督だ。

「嫌だったよね。策士と思ってる人が強攻じゃなくて安全策をとってきた。何か計算があるんじゃないか。なんで1点を大事に取りにきたのかと」

結局、このあと2対2に追いつかれた。3対2と勝ち越したものの、また追いつかれる展開。最終的には6対5で勝ったが、終始流れをつかめず、斎藤監督の嫌な予感は的中した。

負けているチームが点差を詰めるだけのスクイズ。やられてみて効果を実感した斎藤監督は、12年の秋の東北大会でこのことを思い出した。盛岡大付との準決勝。勝てばセンバツがほぼ確定する大一番だ。だが、序盤は劣勢。先発の石井成が大城英也に2ランを浴びるなど3回までに4失点。打線も相手エース・松本裕樹（現ソフトバンク）に抑えられ、5回を終わって1対4とリードを許した。チャンスが来たのは6回裏。一死一、三塁で打席には七番の石垣光浩が入った。Bチームの監督としてこのチームを育ててきた横山部長の考えは「打たせる」だった。

「石井はこのあとも打たれる。失点を覚悟しなきゃいけない状況だったので、1点じゃなくて、2、3点取りにいこうと。打ってランナーを残したかった。それでダメならしょうがないと」

だが、斎藤監督の考えは違った。石垣に送ったサインはスクイズ。見事に決まって2対4と2点差に詰め寄った。

「初めにパタパタといかれたけど、一回試合が止まったんだよね（3回裏の聖光学院の攻撃から両チーム合わせて六つの0が並んだ）。オレの中で、そのときにひっかかっていたのが勿来工業の試合。一回試合が止まって、この勢いだと点数を取り損ねると5対1にされるというのを警戒した。それで、

1点でいいから4対2にしようと思ったんだよね。気がついてみたら、相手が怖気づいていった。どんどん打線が振るわなくなって、ピッチャーのマウンドさばきも変わった。さすがの松本も心臓に毛は生えてないんだなと」

石垣に続き、八番の廣瀬和光もライト前にタイムリーを放って1点差。8回裏に佐藤昌平のスクイズで追いつくと、9回裏二死三塁から八百板飛馬がライト前に弾き返してサヨナラ勝ち。甲子園切符を確定させた。点差はどうあれ、取れるときには確実に取る。あとで悔いが残らない采配をする。

さらにこれから数年後、斎藤監督に相原からメールが届いた。

「勝つには勝ったけど、8点目が取れたのに7対1で試合を終えたあとに『7点差をつけるまではスクイズとか緻密な戦法で確実に取るべきだ。これがオレの野球観なんで参考にできるならぜひ』と。『1点の取り方が雑だ』みたいな指摘をされたのは結構効いたね。戦術家の相原先生がこういうアドバイスをしたというのは残ってる。あのメールは忘れないね」

どんな展開であっても、粗末にしていい1点はない。雑な野球をしていたら、必ずしっぺ返しが来る。苦い経験と大御所からのアドバイスから、斎藤監督はそう肝に銘じている。

斎藤智也のセオリー40

一度マウンドから降ろした投手の再登板はしない、温情登板はしない

「0対20の敗戦も、この敗戦もなかったら、ここまで来てないかな」

斎藤監督がそう話すのが、2004年夏の甲子園3回戦・東海大甲府戦だ。6回まで8対2とリードしながら、逆転サヨナラ負けを喫した試合だ。流れが変わったのは、7回裏。斎藤監督が6回まで2失点と好投していたエース・本間裕之をレフトに回し、背番号10の右サイドハンド・佐藤圭吾をマウンドに送ったのがきっかけだった。

甲子園初登板の佐藤は先頭打者の投手・佐野恵太に二塁打を許すと、代打の町田慶太にも二塁打を打たれてあっという間に1失点。一死後、四球を与えて一、二塁とすると、三番・清水満にもライト前タイムリーを浴びた。斎藤監督はここでたまらず本間をマウンドに戻すが、一度失った流れは取り戻せない。二死は取ったものの、五番・宮地勝史にライト前に運ばれ8対5。さらに二死一、三塁から、けん制球で一塁走者を挟むものの、挟殺プレーに失敗して三塁走者の生還を許し、2点差に詰め

寄られた。相手が一番・古屋隆行からの好打順だった9回裏は左中間を破る打球を放った古屋が一塁ベースを踏み忘れたが、ファーストの堺了がボールを呼んでしまったことで古屋に気づかれ（一塁ベースに戻ってくる）、アウトにできない。次打者四球で一、二塁とすると三番・清水には右中間スタンドに逆転サヨナラ3ランを打たれて万事休した。

残り3イニングで6点リードした状態から、まさかの逆転劇。試合後、斎藤監督に対する記者の質問が投手交代に集中したように、誰がどう見ても本間を代えたことが流れを変えた。なぜ、継投を決断したのか。

「8対2で『この試合取れそう』と思ったときに、『こいつをマウンドに上がらせてあげたい』っていう佐藤に対する思いが一つ。春の東北大会は佐藤で勝ったんだよね。本間に負けず劣らず結果を出した」

春の東北大会では仙台商業を完封した。6月中旬からは本間がひじ痛で登板不能。練習試合は佐藤が奮闘してチームメイトの信頼を得たという事情もあった。

「本間の腰痛がひどかったというのがもう一つ。前の日にブロック注射を打って試合に入ってたから。『少しでも楽させてやろう』と。それと（東海大甲府打線に）合わされてたのも事実だったので、佐藤を使うシナリオを自分の中で強引にそろえた」

事実、本間は3回までは1安打無失点だったが、4回から6回までの3イニングで5安打（2失点）

されていた。本間の腰の状態次第では、次戦で先発回避の可能性もある。それを見据えると、佐藤をいきなり先発で使うより、一度甲子園のマウンドを経験させておきたいという意図もあった。

「次の対戦相手が天理っていうのも予測できてたんだよね。柴田（雄也）というまっすぐとフォークのピッチャーがいた。同じタイプの市立和歌山商業（現市和歌山）の玉置（隆、元阪神）を攻略していたので、『柴田のボールは見える。天理に勝ったらベスト4だ』っていうように先を見たんだよね。三つ、四つのことを同時に考えたときに、『本間は楽させてやりたい、本間の腰を守るのが一番だ』と。それは天理戦に備えるということ、天理戦もいけるということなんだけどね」

斎藤監督が悔やむのは、交代したことだけではない。7回裏の本間の再登板後、二死一、二塁から明らかに右狙いのスイングをする五番・宮地に対し、バッテリーが外一辺倒の攻めになっていたのにアドバイスを送れなかったこともある。

「肩を閉じて振っていた。外のボールを意識しているのがわかってるのに、内を1球も見せてないんだよね。このとき、オレも甘いよね。『内に投げさせろ』とか、サイン出してやるとかやってないよね。甘いよ、この頃は。佐藤を入れたのも試合展開にあやかっての判断だし、宮地には外一辺倒で打たれるべくして打たれてる。工夫もないし、それに対する指示も与えてない。その後、ありえない挟殺プレーで1点取られてるんだよ。レベル低いよね」

この時点では8対6だったが、明らかに甲子園のムードはおかしくなった。9回裏も2点リードしている聖光学院が、まるでリードされているかのようにバタバタしていた。腰痛の影響があるとはいえ、本間の球威も目に見えて落ちていた。

「ホームラン打たれたボールも垂れてるよね。一回マウンドから下がって、もう〝あがり〟というのが前提となってたピッチャーがマウンドに上がったときに、もう一回（気力を）振り絞って投げるというのがいかにきついことなのかわかった。最大限準備して、本間には、『（佐藤）圭吾が打たれることを想定してマウンドに戻ると思っとけよ』とは声をかけてる。でも、やっぱり、ああいうふうになっちゃうと難しいよね」

一度切ったスイッチを再び入れるのは難しい。しかも、本間は再登板の経験がなかった。ベスト8を目前で逃したこの敗戦をふりかえって、斎藤監督はこんなことを漏らした。

「いいのか悪いのかわからないけど、継投に対して臆病になったのは事実だね。甲子園という場所で先の試合を見据えて投手を代えるというのは二度としないと決めた瞬間でもある。それを自分で納得させるために、甲子園で全国制覇するチームは絶対大エースなんだっていうのにこだわってる自分がいる」

ここまでは10年前に聞いた話だが、あの試合から18年たった22年夏の甲子園で、改めて斎藤監督の中に東海大甲府戦が残っているのを感じさせられる試合があった。それは、準々決勝の九州学院戦。あのときと同様、相手はエースが先発せず、序盤から大量リードを奪った。４回終了時点で９対１。

5回表に3点を返されたものの、6回終了時点では10対4。まさに東海大甲府戦と同じ、残り3イニングで6点リードという状態だった。

二番手投手の小林剛介は初戦の日大三戦で先発するなど甲子園でも2試合に登板。合計6回3分の1を投げて2失点と好投している。残り3回なら任せられると考えてもおかしくない。だが、斎藤監督は動かなかった。先発したエースの佐山未來に7回以降も託した。次戦で1週間500球の球数制限にひっかかるのがわかっても、最後まで投げさせた。

「あの試合はやばいと思った。エースの直江（新）がワンサイドでも出てきた（1対9の5回裏から登板）。直江からは点数が取れないと見込んでた。10対5まで追い上げられてきた終盤の試合の流れは九学だったんで、佐山が完投するしかねぇなと。ちょっとしたミス、ヒット、フィルダースチョイスなんかで10対7ぐらいになると、もう一気にバタバタになるなと思った。だから、中盤から佐山には『今日はどんなことあってもお前は代えねぇからな。完投だ』と言ってたね」

聖光学院にとっては、これまで四度跳ね返され続けてきた準々決勝の壁を破れるかどうかの大事な試合でもあった。あのときと同じような継投ミスは許されない。まさに、教訓が活かされた試合だった。悪夢の東海大甲府戦から19年。その後、斎藤監督は甲子園で温情交代もしていなければ、一度マウンドから降ろした投手の再登板もしていない。もう一度、かつてと同じことを訊いてみた。

「温情交代？　甲子園はないね。県大会はいろいろ試しができちゃうんで選手を試すときもあっけど、甲子園はそれをやると罰が当たる場所だというのがあるからね。再登板は、ピッチャーの心理を考えるとね。それをいつもやってるなら別だけど、パターン化してないのに『他のピッチャーで少しでも休ませよう』とか思って代えると、一回マウンド降りて、もう一回上がったピッチャーの気力がどこまで戻るのかといったら難しいと思う」

小林は左腕のため、左打者に多く回るイニングだけ交代するという手もあったが、斎藤監督にその考えはなかった。

「バッターの右左で代えるスタイルにしたとしても、外野に行って一息ついて、またマウンドという戦場に上がってくることになる。ちっちゃいけど、ホントに険しいマウンドに上がってきて、また『チームを負けさせねぇ』って戦う気持ちのコントロールはすごく難しいよね。オレはどっちかというと、『今日の試合は先発のお前に任す。後ろは誰』っていう大まかな継投なんで、左対左だからというのは考えたとしても、オレの中ではあまり好まない。立ち上がりが不安定でも、終盤ゾーンに入ってきて、尻上がりにリズムをつかんで無心で投げる。この理想像を求めてるからね」

エース以外を先発させる（セオリー47）ようになったのは変わった点だが、基本的な考え方は変わっていない。そしてもう一つ、東海大甲府戦を経て今に生きていることがある。それは、走者がいる場面での継投は極力しないということだ。エースの佐山を後ろに回した22年夏の日大三戦、エースがノックアウトされて交代するケースを除くと、勝っている試合で有走者での継投は07年の岩国戦、青森山田戦など数えるほどしかない。

「岩国のときはフォアボール連発でお仕置き交代（笑）。どっちかというと、ＫＯパンチで交代というパターンが多いので、継投してるときは負けているときが多いんじゃないかな。勝利の方程式の継投っていう感覚がオレの中にほとんどないもんね」

かつて「あんなに欲が出た試合はその後の試合を含めてもない。痛恨の采配ミスだった」と言った東海大甲府戦。勝てる試合を落としたのは、監督の責任以外何ものでもない。あのときと同じ失敗をするわけにはいかない。その想いが斎藤監督の投手起用、そして継投に表れている。

斎藤智也のセオリー41

ウエストの練習をする

たった1球で試合が変わってしまった。

2007年夏の甲子園・広陵戦。0対0で迎えた2回表無死一塁の場面だった。広陵の七番・山下高久雄は送りバントを二度失敗。カウントが2−2となったところで斎藤監督はピンときた。

「中井（哲之）監督がエンドランが好きなのは知ってたから、エンドランカウントになったとき、早めにウエストしてこっちから仕掛けようと思った」

一度でもウエストを見せておけば、たとえそのときに仕掛けてこなくても、相手は「また外してくるかも」と思い、サインを出しづらくなる。斎藤監督は捕手にウエストのサインを送った。そして、次の球。予想通り、一塁走者が走る。エンドランだ。斎藤監督が「よしっ」と思ったのもつかの間、山下はバットを投げだすようにしてボールに飛びつく。なんとかバットに当て、ウエスト球をファウルにした。

「すごい怒った記憶あるね。クソー、三振ゲッツーじゃん。（空振りなら）一気にピンチの芽を摘んだのに。『ウエストするならしっかりしろ』って、自分の足かなんか叩いた記憶あるね」

投手の佐藤竜哉はウエストしたが、投げたのは中途半端な場所。絶対に当てられないところへ投げなければいけなかった。取れたはずのアウトを取れず、直後にヒットを打たれて一、三塁と好機を広げられる。そこから二塁打、死球、安打に失策も絡んで3点を奪われた。もし、空振りさせていれば……。失点しなかっただけでなく、流れを持ってこられたかもしれない。悔いの残る1球になった。なぜ、当てられてしまったのか。それは、普段の練習でウエスト、ピッチドアウトの練習をしていなかったからだ。

「ウエストの練習を徹底してやらせてなかった。あのあとはブルペンで『ここまで外せ』と（基準を示して）ウエストの練習をさせたよね」

反対に、ウエストして勝ったのが22年夏の甲子園・日大三戦。3対2と1点リードで迎えた7回表の守りだった。一死一、三塁で打席には二番の寒川忠。カウント1ボールからの2球目だった。ベンチの斎藤監督は、捕手の山浅龍之介にウエストのサインを送る。ここで外したのには、理由があった。4回表の日大三の攻撃。1対1から1点を勝ち越し、なおも一死一、三塁で打席には九番・投手の松藤孝介が入った。打順の巡りからも、松藤の打力からもスクイズが予想される場面。ところが、松藤は初球を打ってピッチャーライナー。三塁走者が飛び出してダブルプレーになった。日大三の小倉全由監督も「正直、スクイズを考えてた。1球ボールだったらスクイズいこうと思ってました」とふりかえった場面。ここでスクイズのサインを出せなかっただけに、7回表は今度こそ必ずスクイズをしてくるだろうと読んだのだ。

「松藤のとき、スクイズをやりっぱぐれて打たせてゲッツーになってっから、悔いを残さないためにここはスクイズだなと思ってた。だから、1球ウエストした。ウエストしたら、次はスクイズのサイン出せないと思ったんで。ウエスト見せとかないとこっちも悔い残るなと。1ボール0ストライクからはよっぽどのことじゃないとウエストしないんだけどね。絶対やってくると思ったんで、『佐山（未來）、ごめんな。2-0になっけどな』って」

この判断は吉と出た。「外してきたから、絶対甘いのが来ると思って打たせた」と小倉監督は寒川にヒッティングを指示。痛烈な当たりだったが、ファーストライナーになった。続く三番の富塚隼介もセンターフライで聖光学院は無失点でピンチを切り抜けた。

「野球って怖いよね。寒川のライナーは正面にいってくれたおかげでアウト。ラッキーとしかいいようがないよね」

斎藤監督はそう言ったが、小倉監督は「ふりかえったら、あそこはバントですよ。バントを出さなかった自分が負けたなと思った」。ウエストをしたことで、スクイズをさせなかったことがラッキーを呼び、勝利を呼び込んだ。

打者に絶対に当てられないところへ投げる練習をする。しっかり準備をしたあとは、自分が信じた場面で思いきってサインを出す。たった1球で流れが変わるのが野球。斎藤監督はその怖さを熟知している。

斎藤智也のセオリー42

ベンチの声を戦力にする

狂ったように声を出す。

言葉は悪いが、他に適切な言葉が見つからないほど全力で声を出しているのが聖光学院のベンチだ。ベンチの最前列に立ち、腹の底から、「アカホリ、いけ〜！」などと全力でプレーしている選手の名前を叫ぶ。気を送り、パワーを送るのだ。

「1ミリでも近いところで声を出す。自分のエネルギーを、自分の命を少しでもプレーしてる仲間に向けるというのは、プレーしてる選手以外、全員ができることだから。グラウンドに立ってるヤツは命がけ。ネクスト（次打者席）でも命がけで念じることはできるし、パワーを送ることもできる。声を出すこともできる。野球の考え方として人生論がベースになってるから、みんなそういうふうになってくるよね」

2022年夏の甲子園で背番号14をつけた三田寺大吾はこう言っていた。

「出てる選手にエネルギーを送るのは当たり前だと思ってます。ベンチ内で話し合ってたのは、ピッチャーならピッチャーといっしょに投げて、バッターならバッターといっしょに打つこと。グラウンドに出ている選手と同じ気構えで、いっしょにプレーするという気持ちでやってました。理性を吹き飛ばして、狂ったように、死ぬ気になって声を出す。何も考えないでひたすらいっしょにプレーしている気持ちでした。そこが他のチームと違う自分たちオリジナルなところなんじゃないかと思います」

試合が終わると精魂尽き果て、喜ぶ気力がないほど叫び続ける。下手をすると、試合に出ていた選手よりもベンチの選手のほうが消耗しているのではないかというぐらい声を出すのが聖光学院の伝統だ。名前を叫ぶ〝声援系〟が全体の半分以上を占めるが、〝戦術系〟の声もある。

「マネジャーやってた梅川（輝、22年夏の甲子園で記録員を務めた）はスコアを書きながら戦況分析して、相手バッターとピッチャーの特徴を見定めるのが一番早かったね」

ベンチに気の利いた声を出す人間がいると相手と駆け引きができる。

「内詰まるぞ。内はバット出ないよ。勝負球そこにいこう」

その声をどう使うかは捕手次第。声で内角を意識させて、その通り内角で攻めることもあれば、反対に外角で勝負することもある。

「その声のあとに山浅（龍之介、捕手）がバッターの気配を見る。内を意識して足をちょっとずらしたとか、（ベース寄りに詰めていたのを）下がったとかだったら外にカットボールとか。ベンチとキャッチャーの呼吸っていうのかな。それがウチはうまいと思うんだけどね」

普段からあうんの呼吸でできるのが理想だが、それ以外にも斎藤監督がベンチの選手たちに「声を出してくれ」と言って、仕掛けることもある。

「公式戦でホント苦しいときに、オレから『内に放らせろ。声出してくれ』と言って声を出させることもある。それで、キャッチャーとアイコンタクトして外にスライダーとか。『スライダー、泳ぐよ』と外をにおわせといて、内にズバッとまっすぐとか。バッターがどの程度声を聞いて影響を受けているのかはわからないけどね」

当然のことながら、聖光学院の選手といっても、初めから気の利いた声を出せるわけではない。

「『真ん中でいいから入れていけ』って言うヤツがいるけど、『真ん中に投げたくてもいかねぇから苦労してんだぞ。ピッチャーやったことねえヤツがそういうこと言うんだよな』って注意するよね。あとは、オレが盗塁のサインを出す流れになってるのに、『ゴー、ゴー、ゴー』って言うとか。ベンチがピッチャーをあおりたくて言ってるんだけど、それは迷惑。だからといって、サイン見ながら声出すとばれるしね。どういう声を出せばいいかは、細かいこと言うといっぱいある」

ピンポイントで効果的な声を出せるようになるには、野球を勉強していなければいけない。試合の流れを読める力や観察力も必要になる。それを、紅白戦や練習試合から声を出して練習していく。

声援系もあれば戦術系もある。どのチームよりもベンチの声が戦力。それが聖光学院なのだ。

斎藤智也のセオリー**43**

ムキになって采配しない

余計な感情はいらない。

斎藤監督がそれを実感させられた試合がある。2003年秋の福島県大会準決勝の日大東北戦だ。この試合は特別な感情を持って臨んでいた。理由は7月に行われた夏の県大会。甲子園をかけた決勝で日大東北に0対3で敗れていたのだ。この試合は、あとにも先にも斎藤監督が決勝で負けた唯一の試合になっている。

夏のリベンジをかけた試合。新チームはエース・本間裕之、キャプテン・松崎克哉ら好選手がそろい、翌年夏の甲子園で2勝を挙げることになるチームだ。斎藤監督も手応えがあった。

「力で勝てる時代にいよいよ突入したなと。悔しい思いをして夏休みの練習をしてきたのもあって、秋は力で圧倒してやろうと思ってたね。『コテンパンにしてやるわ』って」

長い間、目の上のたんこぶだった日大東北と互角どころか優位に試合を運べる。戦力的にも自信を持っていた。その気持ちが采配に表れる。普段からバントを多用し、手堅い野球をするのが聖光学院のスタイル。だが、この試合は送りバントを使わず、強攻策でいった。打った安打は13本。斎藤監督の期待通り、選手たちは打力を発揮した。ところが、得点が入らない。

「とらえてんだよ。それが、エンドランをかけたときに、普通だったらセンター前に完璧に抜ける打球、地を這うような当たりをショートが回り込んでベースを踏んでゲッツーとか。そういうのがいくつかあったね。何をやっても思うようにいかないという意味ではあの試合が一番かもしれない」

初回に1点を先制したものの、8回表まで追加点が奪えない。逆に日大東北には11安打で5点を取られた。最終回に3点を返すが、時すでに遅し。4対5で敗れた。

試合後、観戦していた恩師にこう言われた。

「トモ、だいぶムキになってたんじゃねーか、今日は。夏の借りまで二倍にして返そうと思ってやってただろ？　ムキになってんのが伝わってきたもんな、采配がな」

完全に見透かされていた。自分の采配が選手たちを負けさせてしまったと認めざるをえない。深く反省させられた。

「若いときだから、完璧ってなかなかないのかもしれないけどね。あのときはホント、ムキになってた。もう、メラメラメラメラやってたもんね。選手には悪いことした。『やっぱり、罰が当たる采配なんだな、こういうのは』ってすごく思った試合だね」

これ以降、勝負に余計な感情は持ち込まないと決めた。目の前の試合に勝つことが一番。勝ち方にこだわることはない。

「まず、基本はオーソドックスにやること。自分たちの力が相手よりはるかに劣ってない限り、普通に野球をやることが一番大事。あの試合はオレがベンチで騒いでたと思う。吠えてたと思う。そういうのは選手に伝染するよね。一番いいのは腕組んだまま9回終わること。それが理想だね」

勝ちたい野球ではなく、負けない野球。斎藤監督がそれを徹底できるのは、こんな苦い経験から来ている。

斎藤智也のセオリー44

「春だから」と言い訳をしない

異例中の異例――。

1年生を使わない（セオリー9）斎藤監督が、なんと春の県大会で1年生を起用した試合がある。それは、2008年5月18日に行われた春の福島県大会2回戦・磐城戦だ。1年生投手の遠藤昌史を先発させた。

「ゴールデンルーキーだと思ったよね。5月の時点で135キロぐらい放ってたんで。紅白戦もやったけど、（好投して）『すぐベンチだね』って。夏までを計算して、春の県大会でデビューさせて場数を踏ませたいと思った」

磐城は秋の準優勝チームだが、決勝の結果は聖光学院が11対1の圧勝。弱い相手ではないが、負ける相手でもない。試すにはちょうどよい相手ともいえた。

「夏にはできないこと。『負けてもいいいや』と思ってる春だから1年生を使うことができたわけだから。勝負に対する執念がどこまでだったのか。肯定はできない試合だよね」

遠藤は4回を投げ、5安打4四死球3失点。1対3とリードを許して降板した。その後、打線が奮起して逆転。5対4とリードして9回裏を迎えたが、一死三塁から継投した仲田浩人が三塁走者を警戒して外した球が暴投となり同点。さらに二死から3連打を浴びてサヨナラ負けを喫した。リードはしていたものの、序盤からリズムがつくれず、焦ってバタバタする典型的な負け試合だった。

「相手の監督に『はめられた。わざと負けたべ』と言われて、『一生懸命やってるよ』なんて言ってたけど、あのときはオレがいろんなことを試した。遠藤を使ったのは間違ってない。でも、心の中で負けろと思っている自分がいたんだよね。センバツに出た年なんで、春はちょっと邪魔だなって。あの頃は春は負けたほうがいいんじゃないかと思ってたんだよね。春も勝って、夏も勝ってじゃ、息切れしちゃうんじゃないかって」

だが、他地区の結果を見ていて気づかされた。関東大会の出場校を見ると、いつも練習試合をしている学校が常に出ていた。

「関東大会を見れば、横浜、東海大相模、浦和学院、常総学院……。同じ顔ぶれが秋も春もいるのに、ちょっと勝てるようになって駆け引きして、『春の大会だから〝試し合い〟でいいや。いろんな戦力使って負けてもいいや』と思った自分がいた。実際、試すことはあるけど、それでも負けないという試合運びをしないと井の中の蛙で終わる。夏に勝ちたいだけの姑息さが浮き彫りになる」

この敗戦で自分の小ささに気づかされた。完全に頭が切り替わった。

「地区大会だからわざと負けるなんて、卑怯だなって思い始めたよね。春だから負けていいなんて、甘いんじゃないか。『春負けました。夏は全国制覇を目指します』なんて、ふざけんなよ。春も勝ってないのに、夏を語るなよって。今いる戦力で精一杯戦って、言い訳をしないで負けよう。負けても言い訳は残さない。なぜなら、常勝軍団は春も勝ってっからだと。春も当たり前に勝って、夏も当たり前に勝つチームをつくんなきゃ、そういう采配しなきゃダメだって強く思わされたのは間違いないよね」

この年の夏の県大会から聖光学院は負けなくなった。甲子園につながる夏と秋だけでなく、春も負けない。13年9月20日に日大東北に敗れるまで、県内公式戦95連勝を記録した。負けていい試合なんてない。誰が試合に出ようと関係ない。負けたときの言い訳を用意している時点で、全国で勝てるチームにはならないのだ。

聖光学院では今後ないであろう1年生投手の先発。この試合が、聖光学院、そして斎藤監督の歴史の分岐点になった。

斎藤智也のセオリー 45

徹底的に研究し、真似をする

『8－7－5』

この数字が何を意味するかがわかるのは斎藤監督だけだろう。斎藤監督が就任した頃の、日大東北の夏の福島県大会の成績だ。8年間で7回決勝に進出し、そのうち5回甲子園に出場していることを表す。

「智弁和歌山（8年連続）、明徳義塾（8年連続）、青森山田（6年連続）に次ぐ天文学的な快挙だと思った。『これはいったいどこから生まれる数字なんだろう』って、8と7と5という数字を書いたよね。決勝までいつも来る。日大はなぜ強いのか、負けない裏側に何があるのか。自分の中で思い巡らして分析してレポートを書いた。大事に取ってあっけどね」

毎日晩酌するのが日課の斎藤監督。夜になると酒を飲みながら日大東北のビデオを見た。来る日も来る日も見ているうちに日大東北の強さがわかってきた。

「メンタリティーまでは分析できないけど、わかったのは、日大オリジナルの戦術があるからだということ。宗像（忠典）監督の厳しさ、こだわり、徹底。選手が毎年変わっても、毎年同じように決まったスタイルをつくり上げている。あの時代の県内ではダントツに画期的な野球、緻密な野球をやってたね」

気づいたことはメモをした。

「走塁、守備のポジショニングとかあっけど、特に攻撃のときの監督の指示。1球1球の駆け引きのうまさを感じたね。まず最初に盗塁を模索する。盗塁がダメならエンドランかバントを選択する。バントも初球からやらない。初球は様子を見て、バントの構えのままエバースするのが鉄板。ストライクなら送りバント。ボールだったらもう1球待たせる確率が高い。1－1になったらエンドランにするかバントにするかを、ピッチャーとバッターの力関係を見ながら監督が分析して選択するっていうのも伝わってきた。『コントロールのいいピッチャーの場合は一気にエンドランあり、注意』とか、『警戒するピッチャーのときに初球からバントしてきたら、そのまま1試合同じ流れ。強攻してこない』とか、宗像メモを持ってるよね」

試合を見ていて疑問があれば、本人に直接ぶつけることもあった。

「あそこで四番に初球スクイズってどういう感覚なんですか?」

「悔いが残らない采配をするべきだと思ってるから。あそこは打って1点も取れないリスクよりも、スクイズして失敗のほうが悔いが残らないから」

何度も話したわけではない。戦術について長い時間話したわけでもない。だが、そこには必ずヒントがあった。

「宗像さんは秘密主義でもないから、訊いたんだけどね。悔いが残らないほうを選んだと聞いて、なるほどなと。悔いが残らない采配っていうあのときのひとことは頭の中に残ってて、いい意味で真似させてもらってる感じだよね」

宗像野球をヒントにベースをつくり、さらにそれを応用、進化させることで、徐々に斎藤野球ができてきた。実績のない新米監督がベテラン監督に勝つのは容易ではない。倒すべき相手を徹底的に研究して、真似をする。それが斎藤監督のスタートであり、聖光学院の野球のベースになっている。

斎藤智也のセオリー46

運を重視する

ラッキーボーイ。

文字通り、運がいい選手。〝持っている〟選手。野球界では、よく使われる言葉だ。試合ごと、または大会ごとに現れることが多い。取手二、常総学院を率いて甲子園優勝三度の木内幸男元監督は県大会の序盤、選手をとっかえひっかえしながら起用。その理由をこう説明していた(詳しくは拙著『木内語録　甲子園三度優勝の極意』参照)。

「あれは、ツキのあるヤツを探してんの」

誰が運を持っているのか。試合の中で試しているのだ。運に関して、斎藤監督も同じような感覚を持っている。途中出場して活躍した選手がいると、必ず次の試合でスタメンで起用しているのだ。

2013年夏は初戦の愛工大名電戦で代打本塁打を放った酒谷遼を、14年夏は初戦の神戸国際大付戦で決勝二塁打を放った石垣光浩を使った。ともに次戦でも安打を放ったが、石垣の活躍はめざましく、

2回戦の佐久長聖戦ではタイムリー三塁打を含む3打数2安打。3回戦の近江戦では3打数3安打1死球と全打席出塁。同点の9回裏一死一、三塁ではサヨナラのセーフティースクイズも決め、2試合連続でお立ち台に上がった。

「石垣を使ったのは〝持ってる〟なって思ったから。野球センスは藤田（理志、初戦でスタメン出場した選手）のほうがあったんだけど、甲子園では意識過剰というか、結果を出したいという我が見えたんだよね。それならちょっと能力は劣るけど3年生のいぶし銀の石垣のほうがいいだろうと」

斎藤監督が懇々とミーティングで話しているとはいえ、高校生。聖光学院の選手であっても甲子園に行くと欲が出てしまう選手がいる。そういう選手を見つけた場合、斎藤監督は「運をもたらさない」と判断する。

「甲子園という舞台に立ったときに、意識過剰で『結果出さなきゃ』、『活躍したい』となって、チームプレーを忘れて自己中心的な感じが出てくるヤツもいる。それには厳しく当たるよね。ポーンと外したりするね」

野球の神様が味方してくれるかどうか。常にそれを考えているのだ。もちろん、いつも通りプレーしていても、ツイていない選手はいる。17年夏の甲子園ではこんなことがあった。聖心ウルスラとの2回戦。先発は福島県大会から好調の前田秀紀だった。この試合も初回は三者凡退の立ち上がり。このまま抑えるかと思われた。だが、2回表に雲行きがおかしくなる。先頭打者の四番・矢野偉吹にセンター前に運ばれると、一死後、柳田駿兵に左中間を破る二塁打を打たれて先制を許した。次打者をショートゴロに打ち取り二死とするが、八番打者に死球を与えると、九番の投手・戸郷翔征（現巨人）にライト前にポトリと落ちる安打を打たれ、2点を追加されてしまった。3回表も先頭の二番・園田玲久、三番・宮原倭大に連打を許して無死一、二塁。このあとは送りバントが併殺になるなど無失点で切り抜けたが、斎藤監督は交代を決断した。

「戸郷にまでライト前にカンチャン落とされてね。芯食らってないけど3点取られたんだよね。何か知らないけど、どんどん点が入って、またピンチができて。カットボールはよかったけど、ぎりぎりを払われてポトン、ポトンと落ちた。それですぐ（齋藤）郁也に代えた」

4回表からマウンドに上がった齋藤は6回を4安打7奪三振1失点の好投。相手に傾いていた流れを断ち、逆転を呼び込んだ。

「『球運悪いな、このピッチャー』ってあるよね。そういうの、大事だと思うな」

勝つために、無視することのできない球運――。

聖光学院最高となる夏の甲子園4強に進んだ22年のチームは、運という意味でも特別だった。何よりも、赤堀颯がいたからだ。斎藤監督は、赤堀に特別なものを感じていた。

「あれだけ野球の神様に愛されている人間はいない」

そう信じていたからこその采配がある。春の東北大会決勝の東北戦。0対3とリードされて迎えた

7回裏だった。先頭の生田目陽がセンター前ヒットで出塁すると、九番の佐山未來は死球で無死一、二塁。ここで赤堀が打席に入った。この回を含め、残り3イニングで3点差。斎藤監督が普段、無死一、二塁では必ず送りバントを選択することからも、当然、バントかと思われた。

ところが、赤堀はバットを立てたまま。送りバントの気配すら見せずに打って出た。打球は右中間への大飛球。ライトに好捕されたものの、タッチアップで二塁走者が進塁し、一死一、三塁と好機を広げる。ここから聖光学院の打線が爆発。高中一樹がライトへ犠牲フライを放つと、安田淳平、三好元気、山浅龍之介、狩野泰輝の4連打で一気に4点。試合をひっくり返し、優勝を飾った。

斎藤野球では無死一、二塁はバントが定番。試合後、OBで教え子でもある堺了コーチが思わずこう尋ねた。

「考えられないです。なんでバントしなかったんですか？　根拠はなんですか？」

それに対する斎藤監督の答えはこうだった。

「ノーアウト一、二塁は誰でも100パーセントバントだよ。でも、赤堀だけは別。赤堀だからゲッツーはないとオレは勝手に見えてたから打たせた。あれだけ運のあるヤツが野球の流れを切るような打球は打たないはず。それだけ。あいつには野球の神様がついているとオレは完全に信じてた。だから何しても赤堀で流れは切れない」

根拠があるのかと言われたら、ない。だが、斎藤監督は信じきっていた。その赤堀がキャプテンとして引っ張るチーム。斎藤監督は、チーム全体にも特別なものを感じていた。だから、こう肝に銘じていた。

「こいつらは運を持っている。このチームは監督が邪魔をしちゃいけない」

ところが、夏の甲子園で、その〝禁〟を破ってしまった場面があった。日大三との初戦。3対2とリードした7回表二死一、三塁だった。打者はこの日二塁打を打っている日大三の三番・富塚隼介だったが、カウント3－2となったところでセンターの安田を前に出した。

「結構当てにきてたんだよね。ガツガツくるのではなく、さばきにきてた。そのスイングを見て、外野の後ろを抜かれることはないだろうと。安田が深かったので、これはカンチャンが嫌だなと思ったんだよね」

斎藤監督がベンチから指示を出したあとの7球目。外角のスライダーをとらえた富塚の打球が右中間へ飛んだ。抜ければ長打で逆転という当たりだったが、センターの安田が懸命に走って好捕。ピンチを脱した。「よく捕ってくれた。オレのミスを助けてくれた」とベンチに戻ってきた安田の頭をなでた斎藤監督はこのプレーでこう決めた。

「安田はスイング、タイミングを見ながらあいつの感覚で守ってる。指示しないほうがいいってわかってたんだけど。これで、改めてあんまりいじんねぇほうがいいかなと思ったよね。いじるとこいつらの持ってる運をオレが壊す。それが嫌だったんで、こいつらの感性にかけようと。攻撃もオレが監督面してエンドランとか多用すると流れを切ることもあるから、（送りバントで）ワンアウト二塁さえつくっとけばいいなと。極論いうと、采配でごちゃごちゃやらないようにした。やると今年は流れが切れるから注意しなきゃいけないって、オレの中では肝に銘じたよね」

このチームほど運を感じたことはない。変に色気を出さず、選手たちに任せればいい。それを心に留めて采配した結果が、過去最高成績となるベスト4につながった。選手たちの持っている運を生かすも殺すも監督次第。誰が持っていて、誰が持っていないのか。運を見極めてサインを決めるのも監督の重要な仕事なのだ。

斎藤智也のセオリー47

甲子園では死にもの狂いで戦いきる

「10年前のオレだったら、初戦は佐山（未來）でいってるよね。（小林）剛介は怖いと言って使ってない。そのまま球数制限を計算しながら、いくとこまでいって、その中で負けてると思う。剛介を初戦で立てられたというのは、オレの中で一つの変化だった」

斎藤監督がそう言ったのは、2022年夏の甲子園1回戦・日大三戦のこと。この試合の先発に秋から絶対的エースとして君臨してきた右腕の佐山ではなく、左腕の小林剛を起用したのだ。奇襲をかけた16年の東邦戦を除けば、ほぼすべてがエース、または県大会で主戦として投げた投手を先発させてきた斎藤監督。なぜ、大事な初戦を小林剛に託したのか。

その理由は、前年の夏にあった。07年から19年にかけて戦後最長となる13年連続夏の甲子園出場を果たしてきた聖光学院。21年の夏にその連覇が止まったのだ。準々決勝で光南に1対5で敗れた翌日、斎藤監督の電話に着信が入る。発信者は11年のアジア選手権で監督、コーチの間柄だった横浜の渡辺元智元監督だった。

「斎藤さん、野球やってるから負けるんですからね。これは仕方ないことなんです。もっと言えば、生きてるから負けるんですからね」

甲子園で春夏通算優勝五回。常勝・横浜を率いた渡辺監督も負けられない戦いを経験していた。特に苦しかったのが、エース・松坂大輔を擁して明治神宮大会、春のセンバツ、夏の甲子園、秋の国体とすべての全国大会を制した年の翌99年。春のセンバツでPL学園に初戦敗退を喫した。負けたあと、後援者のもとへ報告に行くと、渡辺監督はその人物からこう言われたという。

「よく負けた。それでいいんだ。お前もある程度人間を極めているとはいえ、四冠を取って勝つのが当たり前になって、勝ちすぎたら足をすくわれる。負けて謙虚に立ち返ればそれでいい。オレはそのために負けたと解釈している。このタイミングで負けて正解だ」

渡辺監督はこのときの体験に加え、こんな話をしてくれた。

「私もそう言われてグサッと刺さったんです。13連覇は素晴らしい功績。誰も真似できないことだけど、甲子園はなんとしても、選手たちを勝たせなければいけないところですから。甲子園に行くのが当たり前じゃなくなったほうが、もう一回原点に立ち返れるんじゃないですか」

斎藤監督自身、21年は負けにくいチームをつくったという自信があった。それだけに、負けたショックがないといったらうそになる。これまでは当たり前だった甲子園も、一度逃したら、もう二度と行けないのではないかという思いまで出てきていた。渡辺監督の言葉を聞きながら、斎藤監督は涙をこらえるのに必死だったという。

「あの人が言うと、すごく重いんだよね。野球だけじゃなく数々の修羅場を潜り抜けてきた人だから」

言われてみて、ハッとした。聖光学院も、勝てば勝つほど、連覇が伸びれば伸びるほど原点を忘れていたからだ。

「確かにそうだよなと。オレもずっと言ってたけど、生徒がオレよりも『甲子園に行かなきゃいけない』と１００倍思ってる。『聖光学院の歴史を変えるわけにはいかない。泥を塗るわけにはいかない。オレらで負けたら恥さらしだ』と絶対に言ってる。言わないほうがおかしいよね。甲子園に行くことが最終ゴールに近づいているんだよね。優勝して『さぁ、甲子園に行くぞ』となっても、口でそう言ってるだけで、心は『やったー！　大役果たしたー！』になってる。一回ゴールを達成してるから、甲子園の戦いのスイッチがちょっと弱い。『勝たなきゃいけない』と焦ってやってるみたいな感じがしてた」

　常連校になる前の、ギラギラした熱い戦いぶりが影をひそめ、どこにでもある私学といった感じになっていた。12連覇目の18年は報徳学園に2対3、13連覇目の19年は海星に2対3で敗れて初戦敗退。スコアこそ競っているものの、見せ場のない戦いが続いているのは斎藤監督自身がよくわかっていた。

「今まではマックスでやるのが自分の中では常識。でも、選手はそうじゃなかったのかな～。報徳学園のときは小園（海斗、現広島）一人に3点を取られたようなもの（4打数3安打3二塁打で3得点）。それだけなのにひっくり返せない。バントやったらフライになってみたり、なんなんだろうなと。海星に負けたときも、勝つことが前提になってるから、とにかくひたすらやる、ただ向かっていくという感じがなかったのかもしれない」

甲子園がスタートラインのはずが、甲子園がゴールになっている。負けない野球をやるはずが、勝てると思って試合をしている。それがわかっていながら、どうしようもできなかった。ちょうどそのタイミングで連覇が途絶えた。呪縛がなくなったうえに、キャプテンの赤堀颯を筆頭に「本気で日本一を目指す」と、熱い選手が多かった22年。3年ぶりの夏の甲子園はゴールではなく、まさにスタートの意識になっていた。

「負けたときに渡辺さんに言われた『甲子園に行くことがゴールではない。行ってからいかに死にもの狂いで戦いきるか』というのがやっとわかったよね。21年に負けたことで野球観が変わった」

知らず知らずのうちに斎藤監督も死にもの狂いではなくなっていた。どこか無難にいこうという気持ちがあった。連覇が途切れたことで吹っ切れ、思ったことはなんでもやってみようという気持ちになった。その気持ちの表れが、初戦でエース以外を先発させることだったのだ。

もちろん、小林剛先発の理由はいくつかある。一つは、佐山が万全の状態ではなかったこと。5月下旬に軸足の内転筋を肉離れ。その影響から県大会では調子が上がらなかった。5試合26回を投げて被安打30、与四死球9の9失点。この状態では、西東京大会でチーム打率4割1分3厘を記録した強打の日大三打線を相手に完投は苦しい。少しでも投げるイニングを減らしたかった。もう一つは、小林剛と日大三打線の相性。スタメンに左打者が5人並ぶだけに左の小林剛を嫌がるはず。右打者にもチェンジアップが有効になるというイメージができた。いくら不調とはいえ、佐山は絶対的エース。小林剛先発で意表を突ければ、という思いもあった。

「剛介でどこまでいけるか。拝むような気持ちもあったけどね。ただ、剛介はミーティングを『オレにいかせてくれ。オレに任せてくれ』という気の入った目で聞いてた。それもあって、剛介でいっても悔いは残んねぇなと」

小林剛は初回に1点を失ったものの、その後は走者を出しながら持ちこたえた。いい当たりがライトライナーになったり、ピッチャーライナーが併殺になったりする幸運にも助けられ、5回一死三塁で佐山にマウンドを譲るまで2失点。試合をつくり、チームの勝利に貢献した。ある意味では、斎藤監督の博打が当たったともいえるこの起用。これが聖光学院初のベスト4入りにつながったのは間違いない。

「22年は甲子園がゴールじゃないから焦りがないよね。ただ、やるだけ。そういう感じになるまで選手がやってくれたし、オレ自身もそう思った。そこが選手とうまくかみ合った。ベスト4で大敗はしたけど、自分の中で大きな変化があった。トータルで言うと、全部、一瞬一瞬が楽しかった」

勝ちは追いかけない。負けないことだけを考え、自分たちがやるべきことをやることに集中する。それが、やりきるということ。戦後最長記録という大きな重荷を捨てて、聖光学院も、斎藤監督も新しい価値観を手に入れた。

第5章

リーダーの生き方、習慣

斎藤智也のセオリー48

余計なプライドは捨てる

「自分が中心じゃないとおもしろくないと思ってずっと生きてきたからね」

子供の頃から勉強もスポーツもできた。小学生時には水泳大会に出場。平泳ぎで福島県の記録をつくった。中学では野球部に所属しながら陸上の大会にも出場。1500メートル走では県北で1、2を争っていた。高校は県下屈指の進学校・福島高校に入学。同級生にはのちに西武入りする鈴木哲がいたが、3年時にはキャプテンを任され、投手と外野手を兼任する三番打者として活躍した。

最後の夏は県大会ベスト8に終わり、甲子園には届かなかったものの、順風満帆な人生。だが、高校3年生の冬に初めての挫折が待っていた。大学受験に失敗したのだ。両親とは「国公立大に入る」と約束していたが、第一志望の筑波大にも第二志望の福島大にも落ちた。「来年こそ絶対に国公立に入るから」と頭を下げ、アルバイトをしながら浪人することを許してもらったが、翌年も結果は不合格。「さすがに二浪はできない」と思っていたところ、高校時代の恩師である加藤仁一郎監督にこう声をかけられた。

「親に迷惑かけられないんだったら、仙台大学はどうだ？　家から電車で1時間で通えるし、経済的な負担も減る。体育の免許も取れるし、先生になりたいんならそこに行くべきじゃないか」

2年連続で親との約束を守れなかった以上、それ以外の選択肢はない。再び両親に頭を下げて、仙台大学に進学することになった。

だが、行きたかった大学ではない。斎藤監督の足は大学に向かなかった。

「福高は国公立や早慶にバンバン入るレベルの学校。仙台大学に行くというのは過去に例がなかった。だから、『福高に行ったのに仙台大かよ』って。人生の中で一番の苦渋の選択だった。悔しさと屈辱感で頭を切り替えられなかった。それで、2週間は登校拒否状態。サボって大学をやめるところまで追い詰められた。最後は、『母ちゃんの泣いてる顔を想像すると申し訳ない』と思って、意を決して大学に行ったんだよね」

大学に行くようになったものの、〝イヤイヤ感〟はぬぐえない。その態度が生意気に映り、野球部の先輩に取り囲まれ、気合を入れられた。

「先輩といったって、2年生。本来は同級生のヤツらだよ。オレも反抗して、虚勢を張ってたね」

「オレは進学校出身だ。お前らとは違う」というプライドがあった。周りの連中といっしょにしてもらいたくないという気持ちからカッコつけ、突っ張っていた。髪の毛は長くボサボサ。野球部は車での通学が禁止されていたが、無視して車通学もしていた。そんなときだ。斎藤監督の言動を見かねた同級生から、こんなことを言われた。

「福島の進学校から来たらしいけど、なんかいらないプライドを持ってるよな。いつもおもしろくなさそうにしてる。そういうこだわりってプラスにならないと思うな」

そんなことを言われたのは生まれて初めて。衝撃的だった。頭を思いきり金づちで殴られたような感じさえした。

「あのとき、仲間にかけてもらったひとことでオレは生まれ変わることができた。オレは落ちるべくして落ちた。それなのに、プライドがあって突っ張って、高飛車になって周りの意見を受け入れずにずっと孤立していた。でも、あのひとことをもらってから『間違ってたな』と。オレよりこいつらのほうが、はるかに素直でまっすぐに生きてんじゃん。オレのほうがよっぽど屈折してんじゃん。どっちのほうが人間的に立派かと考えたときに、こいつらのほうが素敵だなって思い始めた。井の中の蛙で育ってきた人間が、威張り散らしてもなんの価値もない。いらないプライド持って、あぐらかいて、虚勢を張ってる自分がつまんねぇなって、やっと気づけた」

仙台から福島に帰る車の中で、涙があふれて止まらなかった。以後は心を入れ替えた。私学に通わせてもらっている感謝を忘れず大学に通い、野球も体育の勉強もしっかりやった。周りにも溶け込み、最終的には副主将も務めた。

「素直になれば何かが変わるんだなと。友達も増えたよね。協調して楽しくなって、中心的にふざけたり、騒いだりできるようになった」

福島の進学校を出たからといって偉いわけではない。勉強ができるから優れた人間というわけでもない。不必要なプライドを捨て去ったことで、斎藤監督の人生は大きく変わった。

斎藤智也のセオリー **49**

失敗談を語る

プライドを捨て、楽しい大学生活を送った斎藤監督だが、大学4年時に再び挫折を味わう。福島県の教員採用試験で不合格になったのだ。「採用試験に落ちてまた愚連隊（笑）」。講師採用の申請を済ませ、その返答を待っていたが、卒業が目前に迫った2月。大学の掲示板に「聖光学院体育教員募集」の貼り紙があるのを友人が見つけた。

「聖光学院って、福島じゃねぇのか？」

普段は見ない掲示板を見に行くと、確かにそう書いてある。斎藤監督が受験した福島県の教員採用試験はその年、受験者68人で合格者は3人だけ。チャレンジし続けても合格の保証はない。迷わず受験を決めた。試験は無事合格。晴れて教員生活がスタートした。

「聖光学院も最初は受験すべきか戸惑ったけどね。（大学で人間的に成長したとはいえ）100パーセントできあがってたわけじゃないんで。教師と高校野球をセットで考えたときに、県立にチャレンジしてもいつその世界が訪れるかわからない。それなら、来年両方手に入る聖光学院を選んだほうがいいなって感じだから」

そんな気持ちで教壇に立ったが、生徒たちの顔を見て驚いた。大学入学直後の自分のように、つまらなそうな顔をしている生徒ばかりだったからだ。

「不本意入学の子ばっかなんだよね。生徒は900人いたけど、8割以上はそう。この辺って県立志向だから。福島高校、橘、福島東……。進学校に受からなかったヤツらが8割いて、そいつらのクラスで授業やるときがオレの中で学びだったよね。オレといっしょだから。最初の授業から斜に構えてんだから。保健の授業を2時間つぶして諭した。生徒に話しながら自己反省なんだけどね」

やさしい口調ではあったが、自分の経験談を交えながら、厳しい言葉を投げかけた。

「不本意入学って言葉は使いたくねぇんだけどさ。お前らも高校落ちたかもしんねぇけど、オレも大学に落ちたんだよ。金かけちゃいけねぇから国公立に行って親孝行しなきゃと思ってたけど、高校で勉強足りなかったし、予備校もちょっと遊んじゃって不合格。働くかどうか迷ったんだよね。福高を出たのに、仙台大学に行った。当時のオレもお前らみたいな顔してたんだけど、仲間に言われたんだよ。『福島高校だかナンボ勉強できるんだかわかんねぇけど、お前の今の考え方は間違っていると思うよ』って。福高出て、調子こいて、『オレはできる』って思ってたけど、そうじゃなかった。全然素直じゃなかったし、勘違いしたプライドを持ってたし、それをみんなに認めてもらいたくて突っ張ってたけど、何も意味がなかった。それを19歳のときに気づかされたんだよ。だから、お前らもつまんないプライドなんて捨てろよ」

そんな話をしていると、生徒たちの顔が明るくなってくるのがわかる。

「灘高校偏差値79、福島高校67、聖光学院48。灘高のヤツらが福高知ってっかっていったら、ほとんど知らない。福島東なんてもっと知らねぇよな。開成やラ・サールのヤツらもたぶん知らねぇぞ。でも、そんなことで威張ってるヤツは世の中にいっぱいいるじゃん。福高を出たとかって、なんてことねぇんだよ。灘と福高の差がそうなように、福高と聖光学院も同じ。福高に落ちたからって世の中終わりじゃないよな。人間って何が評価基準かといったら、学歴でもないし、勉強ができることでもない。もっと味があって、人間としてしっかり生きているヤツっていっぱいいるじゃん。口下手で、ものづくりしかできないけど職人で渋いヤツもいる。人間ってそれでいいんだよ」

そこまで言って、こう問いかける。

「父ちゃん、母ちゃんが夫婦ゲンカして一切勉強できなかったのか？　誰のせいなんだ？」

返ってくるのは、「自分のせいです」という言葉。そして、こう言うのだ。

「お前らのせいだよ。誰も悪くねぇよ。オレも落ちたのはオレのせいだ。それがわかって、受け入れて認めたら世界が変わった。若気の至りで受け入れられねぇとか、プライドあるのはわかっけど、福島高校だろうが聖光学院だろうが関係ねぇ。問題はそのあとどうするかだから。要は選択した結果をよくするかどうかが大事だから。受け止めろ。不平不満言うな。自分がまいた種だろ」

そんなことを言ってくれる先生はいない。生徒たちはがらりと表情が変わり、次の授業から食いついてきた。斎藤先生の授業は他のどの先生の授業よりも盛況だった。

「失敗を授かったほうが人間味が出るとか、失敗を受け止めたほうが強くなるとか、勘違いしたプライドを持ったまま、頭がいいって偉ぶってるほうが人生ダメにするとか……。一応、23、24歳でそういう話もできたんだよね。20代の頃は自分の失敗談を人に話すことによって、恥をさらして生徒らを勇気づけた。オレの中では、これが原点だよね」

誰だって人に言いたくないことはある。失敗したことや、恥ずかしいことならなおさらだ。それを隠さず話すことによって、前に進むことができる。斎藤監督も、聖光学院もそうやって成長してきた。

「この学校にプライドを持って生徒らを励ましてきた結果、中高時代ならず者だった斎藤がかつてさげすんでいた聖光学院が、すごく大好きな学校になった」

原点を忘れないため、斎藤監督は聖光学院グラウンドのネット裏にある本部室の壁にこんな言葉を貼っている。

『人生は「選択」の連続であるが、最良の選択ができることは稀である。大切なことは、よい選択をすることよりも、自分の選択の結果をよくすることである。　志村史夫』

失敗は失敗ではない。自らの至らなさに気づき、新しいスタートを切るための第一歩なのだ。

斎藤智也のセオリー50

部長経験を活かす

1987年の4月に聖光学院に入り、99年3月まで12年間。干支がひと回りする期間、斎藤監督は部長を務めていた。拙著セオリーシリーズに登場している監督をはじめ、名将といわれる人は若いときから監督という人が多い。これだけ長い間、部長をしていた人は珍しい。ただ、これは斎藤監督が望んでいたかたちではなかった。

「若いときは監督をやりたかった。すぐに監督になれると思って（聖光学院に）来たんで」

しかも、学校の経営陣と斎藤監督との間には、野球部に対する考え方に大きな隔たりがあった。

「オレはきれいに部活動をやればいいという考えだったけど、ウチの経営陣は野球に対して相当こだわりがあった。金払って有能な指導者を引っ張ってきて、選手は特待で多く獲得して、力づくでも甲子園という勢いだった。経営陣がそこまで野球部を甲子園に行かしたいと思っていると思ってなかったから、オレにとってその考え方は邪魔だったよね。『高校野球を純粋にできねぇじゃん。これからそういう野球やるのか聖光学院は』って失望したもんね」

部長として4人の監督とコンビを組んだが、中には人間的な指導をまったくせず、野球さえうまければいいという考えの監督もいた。

「『選手がガチャガチャじゃねえかよ〜。高校野球を冒とくしやがって』って腹立たしい思いだったよね。子供は集まって来たけど、こんなガキンチョ軍団では甲子園に行くようには絶対にならねぇだろうなと。複雑な思いを持ってたよね」

斎藤監督にとって、部長時代は前半と後半の二つに分けられる。途中から部長としての考え方がまるで変わったからだ。最初は部長の仕事は「監督がやりやすいようにすること」だと思っていた。

「なぜそう思ったかというと、自分が監督をやりたかったから。監督をやりたいから『オレが監督になるんだったら、コーチはオレがやりやすいようにバックアップしてくれればうれしい』というイメージがあった。だから、この人は何を手助けしたらやりやすいんだろうかってことを考えてたんだけど、やりがいがなかったよね」

監督がやりやすい環境をつくったつもりだったが、監督と選手の関係、できあがったチームを見ると斎藤監督の理想とはほど遠かった。

「いいチームをつくってくれ、頑張ってくれよと応援してはいたんだけどね。そのために、監督が生徒とうんと格闘してくれって思ってた。好きなだけやってくれ、あんたのチームなんだからって。選手と格闘して、自分の色をどんどん出して、選手から信頼を勝ち得て、一枚岩になってくれよと。だけど、それが構築できないと、がっかりして、バックアップする気もなくなっていった」

監督をしたいのにできない。バックアップしても手応えがない。若くして監督をしている他校の監督をうらやましいと思うこともあった。そんな斎藤監督に対し、厳しい言葉をかける人がいた。副理事長だった。副理事長からは、事あるごとにこんなことを言われた。

「斎藤、ゴミになれ」

若気の至りで我が強い斎藤監督の言動を見てのことだった。

「お前は我が強いんだよ。お前みたいなヤツはもっとひたむきになんなきゃいけねぇんだ。『ゴミになれ』っていう意味わかるか？　それくらいは自分で答えを出さなきゃダメだ」

初めは「このヤロー」と思っていた斎藤監督だが、厳しい言葉をかけられるのは期待の裏返しと感じてからは、副理事長の言葉を素直に受け入れるようになった。

「『ゴミって、ゴミ箱に入ったらいいんですか？』なんて、オレもおちょくってたんだよ。『ふざけてんのか、このヤロー』なんて言われながら、それでも真剣に怒ってくれた。『ゴミになれ』って意味はすぐわかったけどね。きれいなところばっかり求めてるんじゃダメ。へりくだって汚いところもみんな経験して、泥クソまみれになって、汚いものも全部好んで受け入れるようになって、はい上がっていけということだと。オレの中でそれがすごく生きてるね。オレは20代でただのガキで粋がってたし、なんとかして人の目を引こうとか、気に入ってもらおうとか、評価してもらおうとか思ってた。だから『オレの評価が低いんじゃねぇか』って、自分に腹立たしいこともよくあった」

監督をバックアップすると言いながら、矢印は常に自分に向いていた。「オレが監督をすればもっと勝てる」。正当な評価をされないことにイライラしていたのだ。それが、ゴミになることを意識するようになって変わった。監督を支えるのではなく、選手を成長させるのが自分の仕事であることに気づいたのだ。

「副理事長から鍛えられて、『どっちかっていうとオレは今まで逃げてたかもしれないな』と。監督をやりたくてもさせてもらえないから、監督がやりやすいようになんて中途半端に気を遣ってたけど、選手がそれを望んでいるのかといったらそうじゃない。もっとオレのエネルギーを選手にぶつけていかないといけない。もっと生徒と真剣に向き合っていかないとオレ自身も野球部も生きてこないなと。30過ぎる頃から監督をやりたいという欲求がだんだん減退していって、それと反比例するように選手に向き合うようになったよね」

監督、部長という肩書きは関係ない。指導者としてやるべきことは選手が100パーセントやれる環境を整えること。それに気づき、斎藤監督は変わった。

「監督に対する個人的欲望、野望が一回消え始めたと同時に、選手への向き合い方がストレートに正しい方向にいった。それができてきたと思ってた頃に、なぜか監督に指名されたという不思議な流れだったね。必然だったのかどうかわからないけど」

大学で捨てたはずのプライドが、監督という肩書きにこだわるあまり復活してきていた。汚い部分を受け入れること、泥まみれになってやること、目線を下げること……。すべて初めから監督をしていたらわからなかったことだ。部長時代の経験が、監督になった今も大いに役立っている。

斎藤智也のセオリー51

球審をする

12年間で700試合——。

部長時代の斎藤監督が練習試合で球審を務めた数だ。斎藤監督が聖光学院に来た2年後に野球部専用グラウンドが完成。圧倒的にホームゲームが増えたことで審判をする機会も多くなった。

「オレがベンチにいると監督の邪魔をしかねない。監督対選手で一体になってやってほしいって思いもあったから、あえて審判やったのもあったね」

一塁側、三塁側ベンチのちょうど真ん中にいるのが球審。嫌でも両サイドから監督の声が聞こえてくる。これが勉強になった。

「ベンチの選手の声はもちろん、監督のアドバイス、罵声、怒り……。こういうのが全部耳に入ってくる。20代のときにバカだった斎藤が、23（歳）から部長時代の12年間は審判やってるんで。そこで何百人の指導者の声を聞いて、自分自身がつくられていったっていうのはすごく感じるね」

自分と同年代からベテラン、甲子園を経験している人などいろんな監督がいたが、審判という一歩引いた立場だったことで、冷静に聞くことができた。

「『こいつは結果論しか言わねぇんだ』とか『こいつは自分がやってきた戦術を相手にされると驚くほど怒るんだ』とか。結果だけ見て怒る人には、『その前に間違わねぇようにちゃんと教えろ』とか『バカかお前』とか、ずっとつぶやいてた記憶があるね（笑）。あれで指導者の理想像っていうのがすごく見えた。この人はいい指導者、この人はご都合主義、この人は感情任せってこっちが全部評価しているわけだから。あれがよかったよね。オレの中でこういう指導者でありたいっていう基本ベースはできた」

お手本となる指導者、反面教師となる指導者……。誰よりも多くの監督を見てきたという自負があった。その経験が監督になってからも自信になった。

「監督になったとき、周りは『部長しかやってこなかった斎藤が急に監督になったたって、そんな高校野球甘くないぞ。勝てないぞ』という感じだった。仲間うちではオレも『まだ経験ないんで。一年生だから』なんて、結構下手に出てはいたんだけど、心の中では『お前らとは違う経験してきたわ。お前らは監督しかやってねぇんだから部長やコーチの苦労はわかんないだろ』って。逆にオレは、間違ってるって判断してるのに、自分が正しいと思ってる、履き違えてる指導者がいっぱいいるってわかったわけだから。それぐらいのプライドはこっちにもあった」

監督として2年目に甲子園出場。07年から19年にかけては戦後最長となる13年連続甲子園出場を果たした。その結果が、学んだことの正しさを証明している。では、審判をしていて「指導者としてこれだけはしない」と決めたことはなんだったのだろうか。

「とにかく選手に信頼されないような人間にはならないことだね。そうなったらグラウンドに立つことはできない。監督になったら、選手が信頼できる人間になろうと思った」

教えてもいないのに、できないのは選手のせいだと言う。結果論でものを言う。負けたら選手のせいにする。審判として見たダメ監督と反対のことをしてきた結果、斎藤監督は誰よりも甲子園に行く監督になった。

斎藤智也のセオリー 52

選手たちに平気で「負けっちまえ」と言う

「負けろ、負けろ。勝つ資格ねぇ」

甲子園を目前にした夏の大会の試合中にそんなことを言うのは、広い全国を見渡しても斎藤監督ぐらいだろう。斎藤監督にとって、〝もっとも情けない試合〟として残っているのが2008年夏の福島県大会決勝・郡山商戦だ。先発した左腕の佐藤竜哉が8回まで5安打無失点の好投。打線も2、6、8回に小刻みに1点ずつ取り、3対0とリードして9回表を迎えた。

ところが、ここから突然守備が乱れる。先頭打者のサードゴロを安田将司が、次打者のセカンドゴロを佐藤拓也が連続失策。無死一、二塁から六番の宗像清隆にライトオーバーの二塁打を打たれて1点差に迫られた。投手が仲田浩人に代わり、犠打と三振で二死三塁。あと一人のところまでこぎつけたが、九番の上野慎太郎にライト前に運ばれ、同点に追いつかれた。目の前に甲子園がちらつき、集中力を欠いた結果のミス。斎藤監督は我慢ができなかった。

「こんなチーム勝つ資格ねぇ。お前らなんか絶対甲子園行かせねぇ。負けっちまえ。負けろ、負けろ」

普通なら「落ち着け。深呼吸しろ」とでも声をかけたくなる場面だが、斎藤監督が発したのは逆の言葉。ベンチの中で大騒ぎした。

「どちらもなんでもないゴロ。大失態だよ。完璧に勝ちゲームを同点にされた。結局、なんなのかというと、甲子園がちらついて、甲子園に行けると思いながらプレーしてる。だから最後はプレーに集中してない。硬くなってる。その程度しか鍛えてこなかったのかと思ったら腹立っちゃってね。たかが3点リードで勝てるなんて思いながらプレーしてたわけだから」

技術はなくても心で勝つのが聖光学院のスタイル。それが、真逆のプレーをしてしまったのだ。心を鍛えるため、精神的に大人になるため、どれだけミーティングに時間を費やしてきたのか。結局は、うわべだったのか……。がっかりした気持ちが厳しい言葉になって表れたのだ。最終的には9回裏に菅野修平の犠牲フライでサヨナラ勝ちしたが、勝った気がしない勝利だった。

「自分のチームはそういうふうにはなりたくない。ああいう浅はかなことはやらせたくないというのがあった。厳しい状況になったときほど、修羅場に遭遇したときほど人の本性が出る。いつも言うけど、本当の強さ、弱さが一番見えるのは一番どん底に落とされたときか大勝負のときだよね」

この試合がまさに教訓になったのが18年夏の福島県大会だった。準決勝のいわき海星戦。秋の東北大会チャンピオンの聖光学院は秋、春ともに県大会にも出ていないノーシードのいわき海星に対し、

3回まで3対0と優位に試合を進めた。ところが、軟投派左腕相手に追加点が取れない。いい当たりがことごとく正面を突くなど球運もなかった。会場は相手の地元・いわきグリーンスタジアム。6回表にいわき海星が1点を返すと、俄然盛り上がった。相手の一投一打にスタンドが沸く。聖光学院にとって、完全にアウェイの雰囲気だった。

問題となるプレーが発生したのは3対1で迎えた9回表。二死一、二塁と勝利まであと一人の場面だった。草野弘雅がファウルフライを打ち上げる。「終わった」と思ったその瞬間だった。キャッチャーの大松将吾とファーストの須田優真が交錯。フライを落球したのだ。直後に草野に二塁打を許し、1点差に迫られた。次打者をショートフライに打ち取り、辛くも逃げきったが、斎藤監督の頭には10年前の試合のことが浮かんだ。宿舎に戻り、郡山商戦の話をした。

「今日のお前らは、あのときに近かったな。アウェイとか悪条件もあったから、あのときほど腹を立ててないけど、勝てると思ったべ？　絶対負けないと思ったべ？　いわき海星だからというのがオレの中にもゼロだったかというとそうじゃない。お前らのことを100パーセント怒れねぇんだけどな。ただ、あんな野球やって負けたら一生悔い残るぞ」

当時は11連覇中。その中には、9回二死から4点差を追いついた14年の日大東北戦など奇跡の逆転劇もある。だが、一方では、力の差を考えればもう少し楽な試合になると思われた試合で接戦になり、相手のミスによって救われた試合もある。

「『この試合は負けねぇだろう』ってスキだらけだった聖光学院が、なんとか逃げきっちゃった試合もあんだよ。圧倒して勝たなきゃいけないのに、1点差で勝ってるだけ。クソ試合なんだよ。甲子園には行ってるけど、やりきってないんだよ。どれだけお前らの先輩もぬるかったか。どっかで負けときゃよかったんだよ。お前ら、今日みたいな試合やるんだったら明日負けたほうがいい。勝てるだろうなんて思って入った試合でこうなるんだから、お前らが負ける年かもしんねぇぞ。明日負けていいよ。罰当たれ。負けっちまえ」

斎藤監督曰く、「クソミソに言った」効果はてき面だった。決勝の福島商戦は初回から打線が爆発。2本の本塁打を含む17安打を放つなど福島県大会決勝史上最多となる15得点の猛攻で15対2と圧勝。12連覇を達成した。

「あのミーティングをしなかったらやばかっただろうね。勝負において、(相手の力が圧倒的に上のときなど)負けを覚悟することはある。でも、勝ちを覚悟することはないわけだから。弱い人間というのはどうしても勝ちを想定して、勝つことを考えて甲子園がちらついちゃう。そこでいかにそれを出さないか。それはやっぱり普段だと思う。普段からそういう感情にならない、終わるまではプレーに集中するというあゆみだと思う」

いくら人間学を学び、ミーティングでくり返し言い聞かせても所詮は高校生。甘さも出ればスキも出る。勝ち続けていれば、「勝てる」とも思う。「勝ちたい。勝てる」と欲が出るから先を見てしまう。

反対に、負けを意識すれば「負けたくない。ここで終わりたくない」と目の前のことに集中できる。勝負はいかに目の前のことに集中できるか。瞬間燃焼。だからこそ、あえて斎藤監督は「負けろ」と言うのだ。

斎藤智也のセオリー53

サインや指示より対投手に集中させる

右肩が下がっている、上から叩け、あごが上がっている……。試合中、ベンチから1球1球指示を送る監督は多いが、斎藤監督はそうしない。むしろ、できるだけ、大きな動きはしたくないほうだ。

「指導者って、『右肩が下がってるぞ』とか、ジェスチャーやるよね。1球打つ前にやったって、絶対よくないなってすごく思うね。そのことに意識を奪われてしまって、ボールに対する集中力を奪われてしまう。それをやって、『本当に選手が結果が出るようなアドバイスになっているか』と冷静に考えると、迷惑かもしれねぇなと。『わかってるよ、そんなの』って思ってるヤツも多いんじゃないかな」

斎藤監督も若い頃はよくジェスチャーつきで指示をしていたが、長年監督を務めているうちに、それが自己満足ではないかと疑問に思うようになってきた。その思いから徐々にやらなくなってはいたが、2022年のチームには特にやらなかった。このチームで多めに指示を送ったのは、夏からレギュラーになった狩野泰輝ら一部の選手に限られた。

「選手をそれだけ信頼してたし、（打者としての）クセも普段から言って確認してわかってるわけだから。試合でわざわざカメラに映るようなところで、ジェスチャー交じりでこっちが演出する必要あるのか。選手の集中力を切らせる必要はないなと。やるとすれば、大一番でまだ気持ち的に立ち遅れる選手のときだけだね」

もちろん、まったくやらないわけではない。必要な指示は送る。

「ノーアウト一塁でバントのサインを出したけど、見逃してボールになった。2ボールになってエンドランのサインを出すとき、『右方向に打て』とか、『こっち側の45度の方向に転がせ』とかいうのは必要だけどね。狙いを伝えるのはいいと思うけど、打ち方をやってる指導者がかなりいるよね。その選手のチェックポイントで、いつも会話していることだったらいいけど、試合で何秒かあとに次のボールを打たなきゃいけないのに『肩が落ちてるぞ』とか、『上から叩け』とか『低め打つな』とかばっかりやってるとそれに気持ちを奪われちゃって逆に打てなくなる。こう打たなきゃって思っても打てないと思うんだよ。だからオレはタブーにしてる」

ジェスチャーをしないことと同時に意識しているのは、サインを短く、素早く出すということ。あちこち触って長くサインを出す監督もいるが、斎藤監督はシンプルを心がけている。

「ピッチャーと睨みあってる、ピッチャーに対面している時間を長くしたい。何か出さないとノーサインって全部ばれるから、『何かあるぞ』という気配を漂わせつつ、短めにだね」

打者がやるべきことは、監督の指示を守ることよりも投手に集中すること。その優先順位がひっくり返ってはいけない。自分の思い通りに動かすよりも、打者がパフォーマンスを発揮しやすい状況をつくる。それが監督の仕事なのだ。

斎藤智也のセオリー54

磐梯山で瞑想する

監督になって以来、夏の大会を迎える前に斎藤監督が必ず行う〝儀式〟がある。それが、磐梯山での瞑想だ。

「やらなかった年はないね。欠かさずやってる。今はルーティンだけどね」

福島県には磐梯山をはじめ、安達太良山や吾妻小富士、猪苗代湖など豊かな自然がある。地元の自然からエネルギーをもらいたいと思ったのがきっかけだ。

「自然を見て、自分の至らなさや小ささを自覚できるのは実際あるなって思ってたんだよね。自然と対峙することは大事だなと。一人でドライブに行ったりすると、気が晴れるっていうか、癒されるっていうか、自然から学べるものは多いなと」

そんなことを思っていると、ふと気づいた。

「オレは（夏の県大会の）抽選委員会に所属してるんだけど、ちょうど抽選会が磐梯熱海で行われるんだよね。近くに磐梯山と猪苗代湖があるんだから、まっすぐ帰ったらもったいねぇじゃんって。場所を物色してたら、猪苗代スキー場の山肌に眼下に猪苗代湖が一望できる場所があった。熊とか怖いんだけどね」

磐梯熱海から猪苗代スキー場まで車で行き、１００メートルぐらいの場所まで歩いて登る。

「スキー場のど真ん中に、ドーンと座って30分ぐらいかな。深呼吸しながら、『今年はどんな夏になんのかな、やり残しねぇかな、今の選手たちと最後にいっしょに泣いて終わりてぇな』とか、いろいろ考えながら、なんか無になる瞬間があればいいと思ってね。何か感じたいんだよね。何かヒント来ねぇかなって」

やり始めた当初、監督になったばかりの頃は負けるのが怖かった。

「頑張ってきた選手たちを負けさせたら監督失格。だから、覚悟を決めるんだよね。『絶対負けさせない』という決意っていうか、雑念を取り払って、自然と一体になって大会に入っていく。苦しいときって、人間は自然に癒されてるんだよね。人と付き合っていても、堂々巡り。気持ちが焦っているときは、山を見たり、川を見たり、自然とふれあっていると何かメッセージが聞こえてくることがある。インナーボイスじゃねぇけど、自分の中でいい感じで無になって、瞑想状態になったときにひらめくことがある。それをすぐメモに書いたりするね。『仕上げのところでここが欠落してるから、最後やり残しないようにやるべし』とか。野球だけじゃないいんだけどね」

毎年、行くことでチームの現状や自分の心理状態を把握することができる。甲子園でベスト4に進出した22年は、チームに自信があったこともあり、すぐに帰って来た。

「普通に何もなく、『ふー、いいな自然』って。『よっしゃ、行ってきます』という感じだね。夏に対しての不安があるときはいる時間が長くなるんだけど、最近は若いときみたいに何かつかみたい、何か感じさせてくれ、何か教えてくれとはなってない。今までお世話になったから行ってる感じだね」

冬の2年生チーム、春からのAチームとしてのあゆみをふりかえり、やり残したことはないか最終チェックをする。見つかった問題点は解決してすっきりした状態で大会に臨む。準備を整えるため、覚悟を決めるために自然の中に身を置く。これが斎藤監督にとっての出陣式なのだ。

斎藤智也のセオリー55

ゲン担ぎをする

勝負の世界に生きる人にはゲン担ぎをする人が多い。斎藤監督もその一人だ。甲子園入りする際には、必ず白河の関の通行手形を持っていく。もちろん、2022年夏に仙台育英が優勝するまで、甲子園の優勝旗が白河の関を越えていなかったことに由来している。

「白河の関はずっと（携帯電話やスマートフォンの）待ち受け画面にしていたぐらい。『白河の関を越えるのは聖光学院だ』という暗示だね。それを見れば自分の中で日本一を意識する回数が多くなるから。待ち受けはときどき変えたりしたけど、十何年の間の半分ぐらいは白河の関にしてる。ここ3年ぐらいは富士山だけどね」

ちょっとスピリチュアルなゲン担ぎもある。2004年頃、「特別な力があるから」と副理事長に会わされた人物がいた。改名を勧められたが、「それはちょっといきすぎだろう」ということで固辞。ただ、そのときにアドバイスされたこのことは実行し、続けている。

「『弱い番号があるから必ず打消し番号を書いてあげてください』と言われた。2と4と9が悪いって言うんだよね。2を打ち消すのが52、4が24、9が39とかあるんだけど。何かわからないけど、もらった数字だから。オレはあんまり関係ねぇんだけど、せっかくそういう話を聞いて、やらないで負けたりしたら『やらなかったから負けた』と思うじゃん。それが嫌だから」

秋と夏、甲子園につながる大会になると選手のユニフォームの名前を書く部分やアンダーシャツなどに、斎藤監督自ら打ち消し数字を書く。あるときはそれを忘れていて、大会本部から黒マジックの〝マッキー〟を借り、初戦の試合直前に書いたこともある。ちなみにその人物からは「13」が最強と言われたため、斎藤監督は自身のアンダーシャツに13を書いて着ている。

ちなみに聖光学院は2007年から19年にかけて戦後最長となる13年連続の甲子園出場を記録。斎藤監督が言われた「13」と関係があるのかどうか……。

斎藤智也のセオリー **56**

お守りとともに戦う

斎藤監督が肌身離さず身につけているものがある。仙台にある慈眼寺の住職を務める塩沼亮潤大阿闍梨からいただいた数珠だ。塩沼大阿闍梨とは、1300年間で二人しか達成者のいない最難関の荒行である大峯千日回峰行を達成した人物のこと。斎藤監督は、塩沼大阿闍梨と15年来の交流がある。大峯千日回峰行の達成がどれだけの偉業であるかは、以下の説明文を読むとよくわかる。

『「大峯千日回峰行」とは、奈良県吉野山にある金峯山寺蔵王堂から24キロ先にある山上ヶ岳頂上にある大峯山寺本堂まで、標高差1355メートルある山道を往復48キロ、1000日間歩き続ける修行です。毎年5月3日から9月3日まで年間4カ月を行の期間と定めるので、9年の歳月がかかります』（慈眼寺ホームページより）

修行中は一日16時間歩き続けなければいけない。持参できるのはおにぎり二つと500ミリリットルの水だけ。下山してからも掃除や洗濯、翌日の準備などを行うため睡眠時間はわずか4時間という過酷な生活が続く。栄養不足で爪が割れ、血尿が出るほど衰弱するが、途中でやめることは許されない。やめるときは所持している短刀で自ら切腹するという掟がある。

塩沼大阿闍梨はこの修行をやり遂げた記念につくった『大峯大行満亮潤』と書かれたお札と数珠を斎藤監督にプレゼント。それを斎藤監督は大切にしているのだ。お札は塩沼大阿闍梨直筆の『不動心』の文字が入った専用の巾着に入れて常に野球カバンの中に入っており、試合のときは袋から出して首から下げる。ちなみに甲子園の試合中は数珠がテレビに映ると大会本部から怒られるため、手首にはつけず、手で持つようにしている。

「千日回峰行に比べたら、野球で勝ったとか負けたとか、甲子園に行ったとか行かないなんていうのはまったく比較にもならないような小さな問題。そんなことにオレは命かけてると思いながらやってっけどね。うんと苦しいときとかに『塩沼先生の行に比べたらハナクソにもなんねぇよ。なに苦しいって言ってんだよ』って（自分に）暗示かけっときあるね。『先生は死を覚悟してやったんだ。野球は死なないだろうが。命を保証されてるのに』って、選手にもよく言うね」

夏の大会前には慈眼寺まで選手を連れて行き、塩沼大阿闍梨から直接講話を受けている。それ以外にもメールや動画で激励も受ける。

「塩沼先生は『斎藤監督は私の名前が売れてないときから毎年来てくれた。有名になったら人は寄って来るけど、無名の頃に一番私を慕ってくれた人、応援してくれた人が本物なんです。だから斎藤監督のことをずっと応援せざるを得ない』と言ってくれた。あれはうれしかったなぁ」

甲子園の組み合わせ抽選会ではキャプテンに数珠を持たせることもある。22年の夏の甲子園でも、試合中、ずっと数珠を握っていた。右手に持っていて点を取ればずっと右手に持ち続け、点を取られれば左手に持ち換える。それぐらい縁起を担いでいた。

どんなときも勇気をもらえる存在。斎藤監督にとってそれは塩沼亮潤大阿闍梨であり、お守りである数珠やお札なのだ。

斎藤智也のセオリー57

一喜一憂しない

「お父さん、この顔じゃ勝てないよ」

8対2から逆転負けを喫した2004年夏の東海大甲府戦。甲子園から自宅に帰り、純子夫人に言われた言葉だ。

「女房に怒られたよ。『なんていう顔してんのよ』って。やっぱり8対2までのときと8対4、8対6になっていくときとは顔が違うんだよ」

先発の本間裕之をレフトに回した途端、相手打線が爆発。みるみるうちに点差が縮まっていった（セオリー40）。7回裏無死二塁でファーストの堺了が捕れそうなゴロを捕れなかったとき（記録は二塁打）、9回裏無死一塁で本間が四球を与えたとき……。テレビカメラが斎藤監督の表情をとらえていた。自らの表情をビデオで見てハッとさせられた。

「オレがもう敗軍の将の顔してるよね。あの顔見て自分で反省したよ。『オレ、こんな顔して野球やってんの？　ひどいわ、この顔は。一喜一憂してんの、一番おめぇじゃねぇか』って。泣きそうな顔してるもんね。あの頃はまだ甲子園二回目だし、オレも若いよね。これも教訓だね」

選手たちに「不動心、前後際断」とさんざん言いながら、自分がこれではいけない。監督というのは、選手からも相手からも見られる立場であることを再確認した。この経験が活きたのが13年の夏。福島県大会決勝の日大東北戦だった。3対4と1点ビハインドで迎えた9回裏の攻撃。スタンドには、大会6連覇中、県内公式戦91連勝中の聖光学院が敗れるのではないかという空気が充満していた。

「クライマックスに近づいてきてるなって感じだよね。見に来てるファンのうちの8割は今回ウチが負けるのを期待しているんだろうなって思いながら、スタンドをチラチラ見たりしてたね。色めきだってきたってわかってきたから、そうはさせねぇぞと」

最後の攻撃を前にしたミーティング。選手たちは全員が監督の顔を見ている。努めていつも通りを心がけた。

「とにかく人に焦ったり、動揺したのを見せたら終わりだと思ってるので。もちろん選手に対しては一番そうだよね。オレと長くつきあってきた子供たちなんで、オレの表情とか行動がそわそわしたり、おどおどしたり、やたら口数が多くなりすぎたりしないように。『普段の自分ってどうなの？』というスタンスで最後までいこうと」

二死二、三塁と「あと一人」の状況に追い込まれたが、井原貴視がレフト前に同点のタイムリーヒット。土壇場で追いつき、延長10回、サヨナラで勝利を収めた。翌年の夏の県大会決勝でも日大東北に4点リードされて9回裏二死まで追い込まれ、さすがに「オレも苦しかったから少し表情に出た」と苦笑いしたが、東海大甲府戦に比べれば冷静。２００1年に初めて甲子園に行ったときのことを出し、「同じ相手、同じ点差、同じ球場、同じベンチ。あのときの先輩のほうが苦しかったぞ」と鼓舞して再び大逆転勝利を呼び込んだ。

東海大甲府戦の苦い経験から約20年。今や甲子園常連監督になった斎藤監督。甲子園での試合に臨む気持ちも変わってきている。

「甲子園に入ったときに勝つとか負けるとかって意識は歳を重ねるごとになくなってきてる。『さあ、2時間のドラマ。精一杯戦って白黒決着はしゃあねぇから神様に任せっぺ。とにかく2時間死にもの狂いでやってやっぞ』という意識だけ持って入っていく感じ。甲子園だろうが、どこでやろうが、野球は野球。草野球の会場でやろうが同じ。観客がいるかどうかの違いがあるだけで関係ない。『いつも通り、ぶっ倒れるまでやるぞ』という感覚は変わらない。オレ、甲子園で51試合やってんだよ。信じられないよ。1試合でも甲子園でやれれば死んでもいいと思っていた男が」

ある意味、達観した状態。そんな気持ちだから、気負うことはない。

「自然体で戦おうという感覚だね。選手らに言ってる通り、オレの表情が一喜一憂しちゃったら指導者として失格だと思ってるんで。苦笑いとかはいいと思うけどね。バント失敗したとか、攻撃の芽を摘んだときにパンパン手を叩いて、『オーライ、オーライ。ＯＫ、ＯＫ』って言うようにしてる。それで選手らの気が休まるんだったらいいから。オレの表情をいちいち観察されているとすれば、選手に悪影響を及ぼさないようにというのは意識してるね」

監督の表情が選手の動きを左右する。それを実感しているから、あえて表情を見せることもする。近年は新型コロナウイルスのためにベンチでマスクの着用が義務づけられているが、斎藤監督はあえてマスクを外して表情を見せる。

「表情は見せるように意識してたね。マイナスの顔はしないって自信あったんで。マスクしてたら生徒に表情が伝わらない。もし文句言われたら、『マスクしてたら生徒に伝わらないんです。伝えるのに言葉を発さないで、ジェスチャーと表情で見せたいんです』って言うよ。テレビに映るのは嫌だけど、生徒との戦いなんで」

たとえ言葉はなくても、ジェスチャーと表情で選手に伝えられる自信がある。どんなに劣勢でも、マイナスの表情はしない自信もある。監督にとって、表情は命。東海大甲府戦の悪夢、そして純子夫人のひとことが、斎藤監督を変えた。

斎藤智也のセオリー58

怒るタイミングは逃さない

高校時代は怒られ役のキャプテンだった斎藤監督。甘い部分やスキを突かれ、加藤仁一郎監督にはたびたび厳しい指導を受けた。だが、当時は勉強もスポーツもできる、挫折を知らない調子に乗った高校生。すぐには言われる意味が理解できなかった。監督になった今、自らの経験を教訓にしている。

「高校生には『あとから気づくから』ではなく、『今気づかせたいことは、何時間かけてでも、そのときに気づかせなければいけない』ということ。高校野球は時間がないから。今伝えて、今変わらないともったいないもんね。あとから気づいたら勝負にならない」

だからといって、なんでもかんでも怒るわけではない。むしろ、ちょっとしたことなら〝スルー〟するほうだ。

「『これは別にいいかな』って、流すことも多いかもしれないけどね。横山部長なんか、すぐ動くから（笑）。オレは鈍感で気づかない部分もあるかもしれない。オレと横山部長でズレがあるのがおもしろいよね。オレが『そんなことで怒んなよ』って思うときもあるし、横山部長が『監督、もっと言ってくださいよ』って思っていることもいっぱいあると思う」

だが、怒るときは怒る。東日本大震災があった2011年にはこんなことがあった。4月中旬のシート打撃中のこと。ある投手が投げ終わったあと、斎藤監督はそのままレフトの守備につくように指示をした。他の選手たちは走って守備位置に向かったが、その選手は定位置の15メートルぐらい手前から歩いていた。

もちろん、斎藤監督がそれを見逃すはずがない。「レフトに打球飛ばねぇかな」と思って見ていると、先頭打者の打球がレフト線に飛んだ。準備ができておらず、一歩目のスタートが遅れたレフトは打球に追いつけない。さらに緩慢な返球で打者走者を三塁まで行かせてしまった。レフト線への三塁打など普通ならありえない。「よっしゃ、これで材料ができた」と思った斎藤監督は、その日のミーティングでレフトの選手に尋ねた。

「お前、レフトまでどうやって行った?」

「走って行きました」

「全力で走ったか?」

「自分ではそういう意識で行きました」

ここで斎藤監督の怒りが爆発した。

「おめぇ、歩ってたろ！　佇まいだの、品格だの、自分の姿勢で人に何か伝えるだの日誌に書いてたよな？　全力疾走もできないヤツがきれいごと並べてんじゃねぇよ。おめぇの今日のレフトに行く態度は、何か伝えるのにふさわしい態度だったか？」

そのときのことを斎藤監督は「普段はあそこまで騒がねぇんだけど、狂ったように怒った。怒られたヤツがかわいそうなぐらいにね」とふりかえる。震災のために春の大会が中止になった特別な年。夏の大会に向け、野球に集中できていないチームを変えるには、このタイミングで、これぐらいの荒療治が必要だった。

「（チームを見ていれば）ここだなってとこが必ずあるからね。『来た！』みたいな。ここで勝負だな、チーム変えられるなって、ちょっと手ぐすね引いて待ってるとこもあるもんね。どの代も必ずある。滅多にカミナリ落とさないんで、一回落とすとチームの中に激震が走ると思うんだよね。『監督は怒らないと思ったら怒った』みたいな。年に数回あるね。若いときは興奮して怒っちゃってると思うんだよ。『バカかてめぇ、このヤロー』なんて言ってて、どんどん興奮してくるみたいな（笑）。そういう意味では、今はオレも少し大人になったのかもしれないね」

Bチームで〝門番役〟の横山部長に対し、仏の斎藤監督。怒るときと、怒らないときの境界線はどこにあるのだろうか。

「『これは選手らの力で解決できるだろう』ってところだね。『これは致命傷にならないだろう』ということも全部オレが言うと、こっちばっかり見るようになるから。オレのこと見ながら野球やってたら、いつまでたっても選手は一本立ちできない。22年のチームみたいに完全に離れていくのが理想。手の中にはいるけど、全部飛んでいってまたスポッと戻ってくる感じ。それができるのは横山部長がいるから。横山部長がいないと規範意識がないままになっちゃって、オレがやんなきゃいけないことがすごく増える。横山部長のところである程度細部にわたって観察されて、逃げ道がなくなって、ガンガン追い詰められるからね。オレは肝心要のときは相当怒るけど、あとはあんまり余計なことは言わないという感じかな」

いつも怒ってばかりでは効果がない。しかも、選手は監督の顔色ばかりうかがうようになる。〝これ〟という出来事が起こるまで待ち、そのタイミングを逃さずに怒る。これが、選手たちを変える、今、気づかせる方法なのだ。

斎藤智也のセオリー59

自分には大任が授けられていると信じる

次から次へと無理難題が降ってくる。

それが、斎藤監督の監督人生だ。就任時には、甲子園未出場のチームを3年で甲子園に連れて行くよう要求された。それを達成したと思ったら、今度は明豊に0対20の記録的大敗を喫した。

「甲子園が決まったときは死んでもいいと思った。それで、雲の上にいる時間が長かった。マスコミは初出場に至るまでのあゆみを知りたい。監督や選手の苦しみを書きたいというのにあおられて、サクセスストーリーのまま浸ってたんだよね。過去を捨てられなかった」

相手が同じ初出場校ということもあり、油断していた。マスコミの事前取材には、「3対2で勝ちたい」と話していた。

「知らないものの弱み。勝てると思ってた。福島代表も、ウチも弱いのはわかってたので、圧勝できるとは思ってない。勝つイメージとしたら、1点差が限界。3対2としか言いようがなかった。言わされてたんだね」

初回こそ無失点に抑えたが、2回表に相手のスクイズが微妙な判定でセーフになると、止められなかった。0対10の8、9回に5点ずつ奪われて失点は〝大台〟に達した。

「『なんでセーフなんだよ』っていうのがあって、一気に動揺が始まって、キャッチャーもソワソワし始めた。10点差になって、ひっくり返すのは無理だと2年生ピッチャーを新チームのために経験させようと思ったら、その生意気な気持ちに罰を食らわされた。何も知らないヤツが調子こいてたっていうだけの甲子園だった」

試合後、高野連の役員があたたかく接してくれたが、素直に受け取ることができなかった。

「こっちは被害妄想になってるから、『お前らの来る場所じゃねぇのに、履き違えるんじゃねぇぞ』というふうに聞こえちゃうんだよね。当時はオレも弱いし、福島に帰りたくなかった」

死ぬほどあこがれていた甲子園なのに、帰る頃にはこう思っていた。

「こんな残酷な場所はない。甲子園に来るんじゃなかった」

「どうせボロ負けするなら、甲子園なんか出なくていい」

福島に帰ったあとは「みんな自分のことを白い目で見るんじゃないか」という思いから、学校へ行く以外、外に出られなくなった。家にこもる以上、やることは一つしかない。監督就任直後のように読書に没頭した。そんなときだ。孟子のこんな言葉が目に飛び込んできた。次の瞬間から、自然と涙があふれて止まらなくなった。

『天の将に大任を是《こ》の人に降《くだ》さんとするや、必ず先《ま》づ其《そ》の心志《しんし》を苦しめ、其の筋骨を労せしめ、其の体膚《たいふ》を餓えしめ、其の身を空乏《くうぼう》にし、行うこと、其の為さんとする所に払乱《ふつらん》せしむ』

翻訳すると、こういう意味だ。

「天がある人に大任を授けようとするときは、必ずまずその人の身心を苦しめ、窮乏の境遇に置き、何を行ってもすべてその人の成さんとすることに逆行するような不如意をわざわざ与えて試練する」

まさに、今の自分のことだと感じた。

「これが天の真理であるというのがオレの中ですごくあって、0対20で負けたのはこのことじゃんと。オレはまだ大任は果たしてない。甲子園に行ったのは大任ではないんだと。奈落の底まで突き落とされたと思ったけど、それはオレの可能性を神様が認めてくれたということ。だから2対3で負けて中途半端にオレが喜ぶよりは、0対20の衝撃を与えてくれた。そうまでして神様はオレのことを鍛えようとしている、期待している。とすれば、オレはこれからもっと大きな仕事をなす監督になっていかなきゃいけないんだと。それを信じてやっていこうってあのとき思った」

勝つことだけではない。生徒指導や人間教育も含めて、自分には大任があると思えた。気づけば、泣きながら神様に対し「ありがとうございます」と頭を下げていた。

そして、3年後の04年夏。二度目の甲子園で鳥取商を破り、初勝利を挙げた。3回戦で東海大甲府にまさかの逆転負けを喫したが、２回戦では市和歌山商（現市和歌山）も破った。翌05年夏も佐賀商に勝って初戦を突破するが、２回戦で桐光学園に敗退。今度は私学の壁が待っていた。07年夏の２回戦で青森山田を破って対私学初勝利を挙げたが、広陵に2対8と完敗。すると08年春に沖縄尚学、08年夏に横浜、09年夏にPL学園とことごとく甲子園優勝経験のある私学に行く手を遮られた。この期間の国体でも07年に常葉菊川（現常葉大菊川）、08年に智弁和歌山に敗れており、甲子園優勝経験私学には6連敗。「これが与えられた次の命題だ」と思っていたところ、10年夏は初戦でまたも広陵との対戦が決まった。そこで斎藤監督は、思いきって選手たちに敗北の歴史を話した。

「七度目の正直なんて男にとっては非常に恥ずかしいけど、今回乗り越えられなかったらオレは監督失格だ。それぐらい責任を感じている。七回目に与えられたチャンスを絶対ものにしたい。初めて乗り越えて証明したい。一枚岩になって広陵を乗り越えてほしい。今回も負けたら男が廃る。なんとか力を貸してくれ」

いつもは見ない監督の表情と言葉に選手たちは奮起。2年生エース・歳内宏明がのちにメジャーリーガーとなる有原航平（現ソフトバンク）との投げ合いを1対0で制し、甲子園優勝経験のある私学に念願の初勝利を挙げた。

「情けなかったけど、生徒に強く訴えた。やめるとは言ってないけど、選手らも『監督クビじゃないか』というぐらいの雰囲気になった。今回乗り越えられなかったら、聖光学院の歴史がいったん幕を閉じる。そこまで感じてくれた選手らが意気に感じてやってくれた」

広陵に勝った勢いで履正社も破り、08年夏以来のベスト8進出を果たすが、準々決勝で春夏連覇を達成する興南に3対10と大敗。その後も13年春、14年夏、16年夏に8強に進むが、いずれも敗退した。22年夏に初めてベスト8の壁を突破するが、今度は準決勝で仙台育英に4対18で大敗。一つクリアすると、また一つ新たな課題を与えられる。それも、ちょっとやそっとではクリアできない無理難題を。だが、それも必然。神様は「何を行ってもすべてその人の成さんとすることに逆行するような不如意をわざわざ与えて試練する」のだから。試練があるのは、ありがたいこと。斎藤監督には、まだまだ果たすべき大任が残っている。

横山博英のセオリー

「横山部長がいなければ間違いなくこんなに甲子園に出てない。五、六回しか出てないかもね」

斎藤監督がそこまで言うほど信頼を置いているのが横山博英部長だ。

横山部長がBチームの監督として基礎、基本を叩き込んでいるから、新チームへの移行がスムーズにいく。斎藤監督の指導も活きる。

精神的にも技術的にも未熟な下級生を預かる横山部長に若いチームの指導法を語ってもらった。

横山博英のセオリー 1 ダメな人間の3要素を教える

新入生が入ってくると、まず初めに横山部長が必ず話すことがある。それが、以下の約束。①人のせいにしない②うそをつかない③言い訳をしない④自己評価をしない⑤不平不満を言わない――の五つだ。どれも当たり前のことだが、精神的に幼い1年生はすぐには理解できないし、実行もできない。だからこそ、気づくまで何度でも話をする。

「心のどっかで人のせいにしてみたりとか、人に対してだけじゃなくて自分に対してうそをつくとか、ダメだった言い訳を探すとか、『オレはこんなにやってるのに周りが認めてくれない』って勝手に自己評価したりとか、不平不満を言う人間の心理の話はよくするよね」

なぜ、人は不平不満を言うのか。それは、周りに共感してくれる人を見つけたいからだ。

「結局、同調者を探しているだけですよね。オレらが生きてたって、不平不満はあるじゃないですか。だから、選手の中にも当たり前のように不平不満はある。それを口にしたときに、周りが『そうだよね』って言ってくれたら、『そう思ってるのはオレだけじゃねぇ』って安心する。それじゃダメ。不平不満を言ったときに、相手が『お前、それ違うんじゃない？』って言う組織をつくりたいですよね」

もちろん、話すだけでは理解してもらえない。次に教えるのが以下の三つ。①自己中心的②マイペース③何かあっても他人事としてとらえること、だ。これを横山部長は〝ダメなヤツの3要素〟と呼んでいる。

「これはダメなチーム、ダメなヤツに絶対に当てはまります。自分さえよければいいとか、人は関係ないとか、指示があったときに素早く動くんじゃなくてマイペースだとか。実は、それが一番よくわかっているのは選手たち。野球をやらせるとプレーがそういうプレーになってくるし、野球がそういう結果になってくる。3要素に当てはまるヤツに限って、出てきた結果に対して『たまたま』と思ってみたり、理由を考えない、受け入れない」

それをわからせるために試合を利用する。サインを見落とした、ベースがあいているのに気づかず、カバーリングのミスをした、悪送球に備えてバックアップに行くべきなのに行かなかった、大事なときに緊張して足が止まってエラーをした、4打数3安打したものの、走者のいないときだけヒットを打って、一番打ってほしいチャンスの場面で不甲斐ない三振をした……。普段の人間性が、不思議と試合で表れる。それを見逃さず、指摘していく。

「そういうプレーが出たときに『ほーら、性格丸出しだ』とか言うよね。ガサツなヤツはガサツなプレーをするし、テキトーなヤツはテキトーなプレーをする。それをたまたまじゃなくて、性格なんだぞと認識させないと、そこに絶対取り組まないので。だから試合後のミーティングでも、『こういう場面でこういうプレーがあったけど、お前らどう思う?』と語りかける。そうすっと、最後に出てくる言葉は『やっぱりな』なんだよね。選手は指導者の前だといい顔するけど、選手同士はお互いのことがよくわかってっから。そうやって気づかせて、『やっぱりな』を『やっぱりな』にさせなくする。そこに気づいて取り組むと人間が変わってきます。生活でも野球でも、『これはやっちゃいけないよ』っていうのが当然あるわけじゃないですか。『なんでやっちゃいけないか』となったときに一番最悪なのは『これをやると怒られるから』ってなること。そこでちゃんと理由を説明できる上級生になってほしいと思うんですよね」

選手間ミーティングなどで他者評価をわからせ、なぜ「やっぱりな」と思われるのかを自覚させる。自己評価とのギャップを受け入れ、学校生活や練習に取り組む姿勢が変わったとき、人としても少しずつ変化していく。こういう作業をくり返して、五つの約束が守れて、ダメなヤツの3要素に当てはまらない男にしていくのだ。

「選手が喋ってるときの感じとか、片づけをしているときの動き方とかを見て変わってきたかどうかわかるけど、一番わかるのは選手だと思う。選手が他者評価で『こいつ変わってきたな』となれば、チームも変わってくるんじゃないかな」

変なプライドがあったり、素直さがなければ、受け入れるまでに時間がかかる。Bチームは学年が下なのでなおさらだ。それでも、根気強くアプローチしていく。粘って粘って訴え続ける。それが、横山流なのだ。

横山博英のセオリー 2 敗戦と敗北の違いを教える

敗戦＝戦争、戦闘に負けること。
敗北＝負けて、逃げること。また単に、逃げること。

辞書上の意味も違うように敗戦と敗北には大きな違いがある。ただ、負けたのか。逃げて負けたのか。横山部長はその違いにこだわる。

「やりきって納得したうえでの敗戦だったのか、やりきれてない敗北だったのか、その見極めは大事だと思う。敗北の北っていう字は背を向けるという意味。相手に背を向けて逃げるということ。チームづくりがうまくいかずに戦って負けたのは敗北になる」

ある年の、高崎健康福祉大高崎との1年生交流試合でのこと。聖光学院の選手たちは、相手のシートノックを「すげぇ〜」と口を開けて見ていた。健大高崎には中学時代、聖光学院の選手とチームメイトだった選手もいる。健大高崎に入った選手にはスカウトの声がかかったが、聖光学院に入学した選手には声がかからなかった。中学時代の序列から、試合をする前から「相手のほうが上」と思って見てしまっているのだ。結局、試合は0対14の大敗だった。

「力は相手が上というのはあるかもしれないけど、結局、他人との比較なんだよね。自分たちが培ってきたもので勝負すればいいのに、『健大高崎はすごい選手の集まりだ』っていう気持ちが選手にあるんだよね。だから口を開けて見る。『お前ら、何見て勝負するの?』っていう話なんだけど。そういうのが敗北。先入観に負ける、自分に負ける、戦う前に逃げる。やりもしないでね」

目を向けるべきは相手ではなく自分。中学時代より、どれだけ成長したのか。もっといえば、きのうより、どれだけ成長したのか。他人ではなく、過去の自分と比較すれば、必ず成長していることがわかる。自己肯定感も上がる。試合では、相手どうこうではなく、自分のやってきたことに自信を持ち、それをすべて出しきることに集中すればいい。

「ちゃんとチームをつくったうえで戦ったけど、力不足だった、かなわなかった。これが敗戦。チームづくりをするなかで考えているのは、『ちゃんと負けるチームをつくりたい』っていうこと。ちゃんと負けることができたらしょうがない。やることをやった。でも、相手のほうが上だった。お前らも一生懸命やってたけど、お前らだけ一生懸命やってるわけじゃないんだからと。『ここでボールが甘くなった。それを仕留めた相手がすげぇじゃん。まだ力不足だったな』って」

気持ちが逃げていては、聖光学院の野球はできない。心で戦うため、魂で戦うため――。Bチームの時点で敗北をゼロにすることが必要なのだ。

横山博英のセオリー 3 やるべきことをすべてやって監督に渡す

忘れられない出来事がある。

甲子園に初出場した直後の2001年秋の大会。ある試合で、選手がサインミスをした。その瞬間、斎藤監督の顔が変わったのがわかった。

「ベンチで監督の隣にいて、試合の途中なのに監督のやる気がなくなったのがわかったんです（笑）。『これじゃあ、勝つ資格ない。勝てないじゃん』って。あの当時は選手層も薄くて勝てるチームじゃなかったですけど、曲がりなりにも僕が（新チームになるまで）時間を割いて見てきた。これは悔しいよなと。『これじゃあ、ダメじゃん』と監督に思わせてしまった。監督も人間ですからね」

Bチームのうちに自分なりにやるべきことはすべてやって斎藤監督に渡す。それが自分自身、最低限やるべきことだと実感させられた。だから、何事にも妥協はない。聖光学院でもっとも怖い〝門番〟

として選手の言動に目を光らせる。横山部長が任されるのは未熟な下級生の段階。まずは、人として成長することを求める。それが新入生への5カ条や使えない選手の3要素でもあるのだが、選手たちによく言うのが守破離についてだ。

「守は師の教えをしっかり守る段階。破は基礎、基本に自分なりの考えが出てきてアレンジしていく段階。離はまったく新しい流派ができる段階。この段階をちゃんと経ることがすごく大切だよね。守が1年生、破が2年生、離が3年生。守が基礎になっていないと最後に花は開かないんじゃないかと思います。最後、夏の大会のときよく言うんです。負けるのが怖いんで励ます意味でも『ウチほど入学したときから徹底的に聖光学院の野球をやってる、高校野球をひたむきに、一生懸命悩みながら、苦しみながらやってるチームは他にどこにあるんだ』って。多くのチームは、おそらく自分たちの代になったら頑張ろうぜって言うけど、ウチは違うんだと。『夏の大会はすべての発表会。すべてのゴールなんだから、3年間のあゆみを信じてやろうぜ。何を恐れることがあるんだ』と。やってない自分たちがいれば、何を言われたって最後は疑ってしまうけど、本当にやってるので、選手たちも『そうだよな』と腹を決めてもらえると思う。ウチではあゆみ、あゆみと言いますけど、そういうものを大切にするためには、育成チームやBチームの段階がすごく大切。それを大切にしていることが強化につながっている」

堺了コーチ、岩永圭司コーチが面倒を見る育成チーム時代から徹底しているのは、自己中心的にならないこと。野球がうまいからといって偉そうにしたり、チームのことをまったくやらないなどは認められない。あくまでチームがあっての自分であることを明確にする。

「箕島の尾藤（公、元監督）さんがおっしゃってましたよね。人が人を進める。ボールじゃなくて、人が得点する。野球というスポーツにはそういう特性があるって。そうである以上は、人のつながりであるとか、思いであるとかを大切にすべきだし、大事だとわかってほしい。だから、一番は気持ちの部分になっちゃうんだよね。よく言うのは『ウチに来たからといって甲子園に行けるかどうかは約束できない。君がレギュラーになるかどうかも約束できないし、わからない。でも、聖光学院に来たら、卒業するときはどういう結果であっても後悔させない自信だけはあるよ』と。だからこそ、選手としっかり向き合って、格闘しながら日々過ごしたいと思ってますね」

技術面では確率の高いことから鍛えていく。キャッチボールに始まり、守備、バント、走塁、そしてサインプレー。地道にコツコツやれば必ず上達すること、準備と確認を怠らなければミスをなくせることに力を入れる。

「体も未熟でバットを振れない子たちなので、細かいことを先にできるようにしておく。練習を積み重ねていって、トレーニングをして体に力がつくには年数がかかりますから。しっかりキャッチボールをできるようにする、守れるようにすること。あとはけん制のタイミングとか走塁技術とかを教える。夏の甲子園から帰ってくるのは8月中旬。昔は（甲子園に出場しても）支部予選の免除がなかったので、8月20日過ぎから秋の大会なんですよね。そうなってくると、ただ打って走って投げる野球だと終わってしまうので」

3年間の集大成として仕上げた夏から新チームになると、前チームとの力の差、精神面等のギャップの大きさに気持ちが萎える監督が多い。それをいかになくすかが横山部長の仕事だ。

「監督に『これもできないし、あれもできないけど、これとこれはできる。ひょっとしたら勝負になるんじゃないか』っていう感覚になってもらうチームは絶対つくらなきゃいけない。その責任感はものすごく強いですね。監督は『3年生のここがダメだからBチームから誰々をよこせ』とも言わない。『部長の推薦があれば上に上げるけど、そうじゃなかったらこっちで育てるからいいよ』というスタンス。指導者で一番ストレスがかかるのは、自分の意志でできないことだと思うんですよ。おかげさまでウチの監督は『選手がよくなればいいんだから』と好きにやらせてくれる。全面的に任されてる分、監督をもう一回、戦いの場に引き戻すじゃないけど、それぐらいのチームをつくってやるという気概を持ってやってます」

斎藤監督がひと冬かけて戦えるチームにするのではなく、秋からすぐに戦えるチームにする。横山部長にとっては、秋の大会が自分の育てたチームの集大成。ある意味、夏の大会のようなものなのだ。そのために、精神面から技術面までやるべきことはすべてやる。横山部長の強い気持ちが、聖光学院が強さを継続する源になっている。

4 変化球打ちを練習させる

忘れられない試合がある。

2004年、2005年と夏の甲子園に出場したあとの2005年の秋の福島県大会。2回戦の相手は白河実業だった。相手はスライダーを得意とする投手。それを見て、斎藤監督はこう言った。

「スライダーピッチャーだから、スライダー狙わせっか」

だが、そう言われて横山部長は困った。選り好みが激しく、変化球を自信を持って振っていけないチームだったからだ。秋のレギュラーメンバーは横山部長がBチームの監督として指導してきた選手。采配をするのは斎藤監督だが、チームをつくってきたのは横山部長だ。

「そのとき、謝ったんです。『このチームはスライダー狙っても打てません』って。『じゃあ、今日勝てねぇじゃん』と言われて、『ごめんなさい。負けるかもしれません』と。その試合、1対2で負けるんですよ。そこで大反省しましたね」

打力のある選手がそろっているわけではない。だからこそ、Bチームの試合では2ストライクまではストレートか変化球かどちらかに絞って打たせていた。

「そうすると、変化球が嫌いだからまっすぐを打つというヤツが出てくる。相手が投げたいボールを狙わなきゃいけないのに、自分の都合で待っちゃうんですよね。Bチームのピッチャーって、そのチームの六番手以降のピッチャーなんですよ。それか、イキのいい1年生。なんでAチームで使ってもらえないかというと、変化球でストライクが入らないから。それは（変化球は）打ちませんよね。それで甘くなったストレートを打っている。それなのに喜んじゃうこともありました。結構、点数を取るんで、僕もいいのかなと思ってたんです」

目の前の結果しか見ていないツケが回ってきたのが前述の白河実業戦だった。これ以降、考え方もBチームの指導法も変えた。

「状況とか配球を読んで狙い球を絞ることは大切ですけど、基本的には甘い球が来たらまっすぐでも変化球でも反応できるようにしておかないと、秋に東北大会に行ってセンバツに行きましょうというチームには絶対にならない。それに気づいてからは、反応で（打つように）つくっていくようにしました。当時は室内練習場もなかったので、それを逃げ道にしているところもありました。バッティング練習ができないなら、工夫するしかないですよね」

投げるタイミングを変えたり、打ち方を変えたり、斎藤智也のセオリー13で紹介したあらゆる種類のティー打撃に取り組んだ。試合でも狙い球を絞るのではなく、ストライクは全部振るように変えた。するると、徐々にできるようになってきた。

「どこに意識レベルを設定するかによって、到達点って変わってくるなというのはすごく思いますよね。バッティングはいろんな指導理論がありますけど、基本的に相手ピッチャーのベストピッチは打てない。いかに失投を打つかという話になってくる。そのためには、全部のボールに反応する準備をしておかないと手が出ないですよね。全部に反応するためには開かないことを徹底するしかない」

現在は室内練習場が完成し、Bチームも打撃練習ができるようになった。だが、そこはまだBチーム。すべて任せられる段階にはなっていない。

「何も言わないで見てると、まっすぐが8割、変化球が2割ぐらいでやってますよね。それではダメ。打てる、打てないは別。野手が投げるので、(変化球で) ストライクが取れる、取れないも別。それでも、まっすぐと変化球の割合は一対一にしなさい。それで日々やっていくようにしなさいと。ピッチャーも基本的にはセットポジションで投げるように言います。野手が投げると、大きく振りかぶって投げたりするので。実際、試合ではクイックで投げたり、セットでも足を上げたりしますよね。それを組み合わせてやりなさいと。いかに実戦に近づけてバットを振るかは意識してやってます。それをやることによって、低めの変化球を見れるようになる。これは大事ですね」

気持ちよく打つのが打撃練習ではない。試合で打てるようにするのが打撃練習。変化球を打つのも、試合で反応するため。低めの変化球を見送るのも、試合でバットを止めるため。モーションの変化も含め、いかに試合を想定するか。勝つための準備をするのがやるべき練習なのだ。

練習でやっていないことは試合でできない。常にその視点を持つことで、他にも変わったことがある。以前は「多くの選手にチャンスを与えたい」とBチームの試合ではDH制を採用していたが、それをやめた。公式戦では、投手も打席に立つからだ。斎藤智也のセオリー11にある通り、投手に打つことは要求しないが、バントすることは求める。実際の試合で生きた球をバントする経験を積むことが公式戦に活きてくる。

失敗しない人はいない。負けないチームもない。だが、敗戦を無駄にせず、成長の糧にしたことで確実に指導のレベルが上がった。白河実業に負けた翌年から2012年まで秋の福島県大会は7連覇。22年までの17年間では優勝13度。Bチームのレベルアップが、そのままAチームの強さにもつながっている。

横山博英のセオリー 5 ファウルを打つ意識を持たせる

全国レベルの投手はストライクからボールになる変化球を振らせにくる。その球をいかに見送るか。ファウルで逃げるか。空振りしているようでは甲子園では戦えない。変化球を打つ取り組みとして、全部打つだけではなく、低めの難しいコースの変化球をファウルにする取り組みもする。

「最初は『ボール球をファウルにしろ』と。ファウルにすることによって、（前の肩の）止め方を覚える。ヘッドの残し方も徐々に覚えていくと思うんですよね。見て、振りにいくからこそ、『ここはボールだ』とわかるようになる。なんでとんでもないボール球を振るかというと、本人はストライクと思ってるからなんです。それがストライクに見えたということは、目切りが早い、開きが早いから。振りにいって止めることをやっていくうちに、だんだん反応しなくなるんじゃないか。バッティングは感覚的なもので、教えるものじゃない。覚えるものだとよく言いますね」

ファウルを打つ意識を持たせるため、〝ポイント制〟を導入したこともある。

「とにかく選り好みが激しい代があって、変化球を打たないんですよね。なんで打たないかというと、『まっすぐを狙ってました』って言う。根拠を聞くと黙るわけですよ。それじゃあ、話にならんというわけで罰走を設けた。基本的に甘いボールは全部反応してほしいので、ストライクを見逃したらベースランニング一周。あとはピッチャーがフォアボールを出したら一周とか、野球の嫌な要素を罰走形式にした。その代わり、送りバントを決めたらマイナス1、セーフティーバントを決めたらマイナス2、2ストライクからファウルを打ったらマイナス1と消えていく。低めぎりぎりのボールで審判の手が挙がったときはなし（ノーカウント）とかね」

初めは罰走が20周以上になったが、慣れれば5周程度で済むようになってくる。ときには、ベースランニングなしで「プラス7」ということもある。

「2ストライクからファウルになると、僕のほうをチラチラ見ながらベンチが盛り上がる（笑）。開かないでボールに対してまっすぐアプローチをすると、ファウルって必然的に増えると思うんです。

結果的にファウルをいっぱい打った試合って負けてないような気がしますね。『1球で仕留める』とよく言いますけど、レベルの高い選手ではないので無理だと思ってます。空振りもあるし、打ち損じてファウルもある」

ミスショットしても、いかにアウトにならないか。ファウルなら、もう一度打つチャンスが残る。

「『ちゃんと打たなきゃいけない』とか、『しっかりヒットを打ちたい』って理性的にバットを振っていったときって、なんの力もない打球が（ダイヤモンド内の）90度の中に入っちゃうことが多いと思うんですよね。そこそことらえてるんだけど、正面に打球が飛ぶというのは本能的にバットが振れてないときに起こる。狙って打てるもんじゃないですけど、ベンチでは『ファウルいっぱい打て』と言ってます。2ストライクから5、6球粘ると、かなりの確率でヒットになる。タイミングが合ってくるし、ボールの軌道が見えるようになってくるんでしょうね」

練習で変化球打ちに取り組むのはもちろん、試合でもファウルを打って変化球への対応力を磨いていく。Bチーム時代からの下地が斎藤智也のセオリー13にある、三振の少ない打撃になっていくのだ。

横山博英のセオリー 6 育成チームと本気の試合をする

Aチームに対して闘志むき出しで向かっていくのが壮行試合（斎藤智也のセオリー18）。だが、B

チームはその反対も経験する。それが、育成チームとの試合だ。年一回の壮行試合とは違い、頻繁に行う。

「育成はBチームを倒してやろうという感覚でくる。これがまたBチームの選手には勉強になるんだよね。Bチームが Aチームとやるのは結構楽なんだよ。最初から(負けても仕方がないという)言い訳が存在するから。育成チームとやるとそうはいかない。逆に、育成チームはすごい勢いでくるから、初回ワンアウト二、三塁で点取れませんでしたというのがあっただけで、すごくやばい雰囲気になってくる。野球の実力はこっちのほうが上なんだけどね。野球って、それだけの要素じゃないですか。それが野球のおもしろさだと思ってるんだけどね」

Aチーム相手に、負けてもともとの試合をして、育成チーム相手に、勝って当たり前の試合をする。Bチーム時代に両方の立場を経験することは、3年生になってトーナメントを戦うときにプラスになる。また、AチームとBチームとは違い、Bチームと育成チームの間では選手間の入れ替えも頻繁にある。勝敗だけでなく、これもまた選手たちに刺激になる。

「入学したときにおもしろそうだと思った選手が、どんどん育成に落ちていくこともある。Bと育成のほうが入れ替えの数は多い。同じ学年同士だからね。育成の選手たちは絶対Bに負けないと思ってやってるし、学校生活も寮生活も『Bよりやってやる』っていう感じもある。AよりB、Bより育成のほうが練習をやってる、牙むき出しにしてやっているという感じになってくると、チームも盛り上がってくると思いますね」

チーム内でどれだけ下剋上が起きるか、起こせるか。その雰囲気をつくるのが若いチームを見る指導者の役割なのだ。

横山博英のセオリー 7 真剣勝負の場をつくる

2009年春。横山部長の呼びかけで始まったのが、みちのくフレッシュBリーグ（通称MFB）だ。聖光学院、盛岡大付、一関学院、東海大山形、日大山形、聖和学園の6校のBチームが参加するリーグ戦で、各チーム2試合総当たりで合計10試合。勝ち点制で優勝を争う。公式戦同様、背番号をつけて戦う。

「私的なものとはいえ、負けられない試合という位置づけ。プレッシャーがかかるなかで試合ができる。野球は試合じゃないとわからないことがすごく多いよね。ピッチャーでいうと、マウンドに上がるとストライクが入らなくなる子がいる。ある程度のコントロールがあるからマウンドに立っているのに、『ストライク入れなきゃ』とか『フォアボール出したらどうしよう』とか意識過剰になってしまう。自分自身に負けることが多い。そういうのも、試合だからわかるんだよね。MFBも歴史を重ねてきたので、選手もそこで優勝したいという思いがあるからプレッシャーにもなるし、モチベーションアップにもつながっている。我ながら、有意義な取り組みだと思います」

投手の例に代表されるように、真剣勝負の場であるから問題が発生する。ただ試合をやるだけだと、勝敗より個人主義になる選手がいる。指導者も勝敗を度外視してしまう。そうなると、駆け引きが生まれない。例えば、スクイズの場面でもウエストをして防ごうとしないため、打者がバントを決めれば成功ということになる。たとえスクイズが決まったとしても、プレッシャーはなく、公式戦とはかけ離れた状況になる。それでは、選手の成長につながらない。

また、優勝という大きな目標を目指すことで、チームとしての活動ができる。Bチームの試合だと、「Aチームに上がりたい」など自分の成績、個人成績ばかり気にする選手が多いからだ。勝つことを目指すことで、チームの一員として何をしなければいけないかを学ぶことができる。

もちろん、真剣勝負をすることは指導者にもプラスになる。

「負けられないなかで采配するのはすごく勉強になる。自分が責任を持って采配することによって、あれができる、これができないというのがわかる。この展開でこういう戦術を使いたいんだけど……というのも、自分が采配することによってわかるので、練習にも活きてくる。指導者育成のためにも絶対やったほうがいいと思いますね」

スクイズのサインを出すのも、外される心配があるのとないのとでは緊張感がまったく違う。采配する側もプレッシャーを経験することができるのだ。また、そこでスクイズのサインが出せない選手であれば、バント練習が不足していることがわかる。真剣勝負でしか得られないものは多い。

ＭＦＢの成果が評判になり、11年からは能代松陽、弘前学院聖愛らが参加する東北レボリューションＢリーグ（通称ＴＲＢ）も始まった。似たような取り組みは全国に広まっている。ただＢチーム同士の試合をするのはもったいない。やるのなら、真剣勝負。「負けられない戦い」「負けたら終わりの試合」を経験することで、選手は大きく成長する。その機会をつくってあげるのが、指導者の役割なのだ。

横山博英のセオリー　8　選手と相撲をとる

一瞬、耳を疑った。

横山部長が「今からユニフォームに着替えろ」と言ったからだ。時計の針は夜の10時を示している。「もう10時やのに。もしかして、今から練習？」。伊藤遥喜はそう思った。

２０２１年の6月のこと。Ｂチームは茨城の常総学院に練習試合に出かけた。だが、ふがいない内容で連敗。福島に帰って来たのは夜も遅かったが、横山部長は選手たちをこのまま帰すわけにはいかなかった。出てきた言葉は、「一人ひとり、思いきりぶつかってこい」だった。

横山部長に対し、選手たちが代わる代わるぶつかっていく。受け止めては投げ飛ばし、また受け止める。横山部長と選手たちの相撲は延々と続いた。

「とにかくもどかしくてね。練習試合でも負けていい試合はないよ。本気でやることを覚えてほしい。本気になればなるほど勝ちたいとか、勝たなきゃいけないとかいう気持ちが出てくる。弱気になったり、（気持ちで）引いちゃう選手も当然出てくるんです。そうじゃないだろう、気持ちだろうって。それを伝えるために何かないかと思った。それで、ぶつかり合うことによって感じるものがあるんじゃないかと。行き詰まったうえでの苦肉の策かもしれないけどね。相撲の立ち合いじゃないけど、受け止めて、投げ飛ばして……。それでも向かってくるから、最後はこっちが倒されて投げ飛ばされる。それでも立ち上がってやっていくうちに子供らが泣き出してくるわけですよね。オレも汗ダラダラになりながら、立ち上がって続ける」

04年のエースで186センチ、77キロの本間裕之が「びくともしない。投げ飛ばされた」と言うほど以前は強かったが、横山部長も50歳を迎え、そうもいかなくなった。

「意を決して数年ぶりにやったけど、一人も投げ飛ばすことできなかったね。受け止めるのが精一杯で（笑）。誰も倒すことはできなかった。ある意味、それはカッコ悪い姿なのかもしれないけど、指導者っていつもカッコ悪い姿を見せないようにするじゃないですか。そうやって投げ飛ばされてカッコ悪い姿を見せることによって、何か感じてくれないかなという期待感もあった」

体と体をぶつけ合うことでしかわからないこと、伝わらないことがある。横山部長との特別な空間が、選手たちの感情を揺さぶった。

「コーチ（※選手は横山部長のことをコーチと呼ぶ）は50歳を超えても、命がけで自分たちに向かってきてくれる。涙が出ました。本気でぶつかっていきました」（伊藤）

「コーチが鬼の形相で自分たちに向かってきてくださった。あのときは言葉で言えないぐらい、人生で一番泣いたんじゃないかっていうぐらい泣きました。Bチームはコーチといっしょにあゆんできたんで。そういうことを考えたりすると自然と涙が出ましたね」（三田寺大吾）

カッコ悪い姿も含め、すべて選手に見せる。なりふり構わず向かっていく姿を見せ、本気であることを示す。指導者だからといって、カッコつける必要はない。立場も年齢も関係ない。すべてをさらけ出して、本気でつきあうことが大事なのだ。

「確かに合理的にやるのは大切なことなんだけど、結局、部活動なんですよ。学校教育なんです。だから、どうやって子供らと心を通わせて、この3年間を人生の宝物にするのかという視点がなくなったら、高校野球じゃないと思うんですよね。それがなくなったらクラブチームでいいじゃんという話になっちゃうので。そこはこれからもこだわってやっていかなきゃいけない。野球だけやってるチームがあったり、グラウンド以外はちゃらんぽらんというチームを見たときに、『負けたくないよね』って思いますよ。高校野球なんだから、大切なものはなんなんだというのを失ってはいけない」

彼らが3年生になった22年。聖光学院は夏の甲子園で初のベスト4入りを成し遂げた。

「この年の3年生は力がないチームだった。だからこそ、なにで勝負するかってすごく大事だと思うんだよね。最後は人と人との勝負なので、そこで屈してほしくない。ボールが速い、遅いで負けるならしょうがないけどね。（夏の甲子園の）準決勝は大敗しましたけど、選手たちは随所に好プレーをしてくれた。気持ち的に、心の部分で屈してないからそれができた。負けたことに関しては我々も反省しなきゃいけないことがいっぱいあるけど、そこに関してはやりきった。一番大事なものをつかんでくれたと思ってます」

時代や選手の気質のせいにしてはいけない。指導者が本気になってぶつかれば、選手も本気になってくれるのだ。

横山博英のセオリー 9

選手の原点づくりをする

高校野球の指導者になりたい＝監督をやりたい。

これが、多くの指導者の本音だろう。どんなに弱いチームであっても監督をしたいのであって、コーチを希望する人はまれだ。だが、「監督をしたい」という人が多ければ多いほど、スタッフ間の人間関係がうまくいかない原因になる。

「（他校の）若い指導者に言うことがあるんですけど、結局、選手って監督しか見ないんですよ。やっぱり、『監督さん』なんですよ。若ければ若いほど、それをちゃんとわかってないとね。コーチの人たちが、選手が監督しか見てないことにやきもちを妬いちゃう。そうすると、選手の機嫌を取って自分のほうに向かそうとするようになる。パワーバランスが絶対おかしくなってくるんです」

自分が監督になることが目的になると、指導よりもいかに自分の味方をつくるかを考えるようになる。選手はもちろん、ときには親まで巻き込み、騒動を起こす。そんな例は高校野球界では珍しくない。

「最終的に選手は監督を見てくれていいんですよ。この視点がないといけない。これがあったうえで、どこまで愛情を持って選手を指導できるか、接することができるか。『自分がこれだけやったって誰も言うこと聞かないや』ってスネちゃったら、なんのためのコーチかわからなくなりますからね」

では、コーチはなんのために存在するのか。横山部長は「原点づくりのため」だと言う。入学時に話す五つの約束、指導しながらわからせるダメな選手の三つの要素……。聖光学院の選手としてはもちろん、人としての基礎、土台となる部分を根気強く教えていく。

「(未熟な選手を相手にするため)イライラしっぱなしですよ(笑)。我慢しきれないこともいっぱいあります。選手らによく言うのは『成功の反対は失敗ではない、妥協だ』と。『その先に見えるのは成功ではない、成長だ』と。今の子たちは昔に比べると怒られ慣れてないというのはあります。やりたいことしかやりたがらない傾向もある。だからこそ、ダメなものはダメと怒る。一番怒るのは、エラーしたことじゃない。『他に出れない子がいるんだよ。周りでボールボーイやってる子がいるんだよ。その子に対して、本当に胸を張って全力でやりきったって言えますか』ってこと。それが見えないとき、自分勝手なプレーがあったときに徹底的に叱るんですよね。それが一番腹が立つので。こっちもひとこと、ひとことに魂を込めて、力強い言葉で訴え続けていきます」

言われたときはわからないかもしれない。それでも、わかってくれると信じて言い続ける。

「子供らって、怒られているときに何を言われたかはあんまり聞いてないと思うんですよ。じゃあ、あとに残るのは何かと言ったら、『この人、真剣だな。本気でオレたちのことを考えてくれてるんだな』ってこと。本気っていうのは、そこが伝わらなきゃダメだと思います」

聖光学院に入れば甲子園に行けるという安易な気持ちで入学してくる選手もいる。野球だけやっていればいいと思っている選手もいる。そんな選手たちに、なぜ日常生活が野球と関係するのか、なぜ個人よりもチームのことを優先させなければいけないのかを伝えていく。

「成長って何かといったら、新しい価値観が入ることだと思ってるんです。AとBという価値観しかなかった人間の中にCという新しい価値観が入ってくるとする。そうすると、AとCが化学反応を起こしてDが生まれることもある。選手たちが苦しんでいるのもわかるから、成長したのがわかったらちゃんと認めてあげることが大切だと思ってます」

中学校までの価値観を崩し、聖光学院の選手としての価値観を植えつけていく。聖光学院にしかない、独特の価値観、空気感。斎藤監督の言う〝ザ・聖光学院〟の考え方をできるようになるのが原点だ。

原点があれば、戻るところができる。原点を身につけるまでに苦しんだ日々を思い出すことができる。「3年生になったとき、うまくいかないことってあると思うんですよね。そのときに原点があるというのは強いと思うんですよ。Aチームがグラウンドを使わないとき、Bチームはグラウンドでガンガンノックをやるわけですよ。叱ったり、強い打球打ったり、いろんなノックの形式があるけど、Aの選手たちがそれをじっと見ている代って強いですよ。思い出してるんですよね。『オレらもこうだったよな。今、この気持ちを忘れてないか』って。そういうチームって甲子園でも勝ってる。反対に『ヘタクソなBがやってるわ。頑張って』という感じで早くあがろうぜという代もある。そういうチームは意外ともろいですよね」

もちろん、卒業後も原点は残る。聖光学院の野球部のOBとして、戻って来られる場所。それが、泥だらけになってもがいた日々であり、グラウンドなのだ。

「育成とかBチームとかにいて、自分がまだ力がないとき。そのときが大きく変わるときですよね。『大きく変わると書いて大変なんだぞ』って言うけど、未熟な自分から成長していくときって、すごい労力が必要になる。その時期を大切にできるヤツは伸びるし、そういうヤツらが集まると強い。その原点をちゃんとつくるためにも、あえて大変な思いをさせます。Bチームだからといって逃がさない。そのために、こっちも大変な労力を使うわけですけどね。原点をつくったことが最終的には選手たちが輝いてくれることにつながる。3年生の夏に、監督がインタビューを受けている横で、『実はオレが育てたんですよ』って自己満足してるのがコーチじゃないですかね（笑）」

人としての基本ができていなければ、何をやってもうわべだけになる。土台がしっかりしていなければ、上に物を載せることはできない。一番地味で、もっとも時間がかかる部分。それが原点づくりなのだ。指導者として何よりも大切なことを任されていると思えば、手は抜けない。聖光学院のスタッフにはここが共通認識としてある。

「ウチの場合は、入学したときから担当コーチがちゃんとつく。堺（了コーチ）なんか、育成の教育に関してめちゃくちゃプライドを持ってるからね。OBだし、聖光学院たるものはどうあるべきかっていうのをすごく持ってるから、聖光の魂を叩き込んでいく。最終的に3年生の夏にベンチに入れなかったとしても、ウチの選手にはみんなに原点があると思うんだよね。育成でモチベーションが下がっていたところで、堺や岩永（圭司コーチ）に喝を入れられて自分の考え方が変わったとかね。どのチームであっても、その段階で熱くなって3年間やってほしいと思ってる」

150キロを投げた、本塁打を打った……。人は派手な部分に目を奪われがちだが、それよりも大切なのが原点なのだ。もがき、苦しんだからこそ成長する。大人になる。育成チームを預かる堺コーチ、岩永コーチも含め、ここに力を注げる指導者がいるから、聖光学院の強さは持続するのだ。

斎藤智也のセオリー60

人として根っこを張り巡らす

ただの一度も、ベンチ入りさせなかった。

野球の能力は聖光学院でも歴代一、二を争う高さ。だが、その選手を斎藤監督は使わなかった。理由は、野球をやる資格がないからだ。残念ながら素行不良で高校は退学した。

退学後も上のレベルで野球を続けている選手。その選手がいれば間違いなく戦力はアップするが、斎藤監督の基準はそこにはない。「最後に負けたとき、悔いのない選手であるかどうか」だからだ。

甲子園で活躍し、上のレベルに進んだ選手をあっさりと〝除名処分〟にしたこともある。卒業しても野球部のOBとして認めない重い処分。理由はキャンプに参加し、卒業式のために戻ってきたとき、聖光学院野球部で禁止されている茶髪にしてきたからだ。その場で頭を丸めるように戒めたが、その選手は従わなかった。

「聖光学院で3年間やってきて、普通の生徒は茶髪にしないから。スター気取りになって、粋がっちゃったんだね。眉毛と髪の毛をいじっちゃった」

聖光学院野球部の3年生は、夏の大会が終わったあとの髪型を「華美にならず、違和感のないもの。スポーティーなイメージ」と指定されている。違和感のないものの中には、眉毛も含まれる。

「『眉毛は床屋で勝手にやられました』ってみんな言うよね。産毛がもじゃもじゃとかあるから整えるのはわかる。その線引きはちゃんと考えながらやっけどね」

斎藤監督から〝アウト判定〟が出たら最後。黒マジックのマッキーで眉毛を書かれる。

「『お前ぇ、なんだ、その眉毛。半分になってんじゃねぇか。バカヤロー』なんて言って、あとは雪だるまの眉（笑）。イモトアヤコみたいにして、『消すんじゃねぇぞ』って後輩の前を歩かせたりするね（笑）」

高校野球の指導者を見ていると、能力の高い選手、技術のある選手を〝ひいき〟することが多い。おかしな眉毛や帽子の形、帽子の被り方をしていても見て見ぬふり。問題を起こしても、他の選手なら怒ったり、処分を与えたりするのに、うまい選手はおとがめなし。せいぜい背番号を重くするぐらいで、何ごともなかったかのように試合に出す。それは、自分が勝ちたいからだ。

「眉毛とか、そこが根っこだと思うんだよね。一人ひとりがどんな立ち振る舞いをするか。眉毛をいじるとか、帽子をいじるしか自分の表現方法はないのか。虚勢張らないと野球できないのか。なんで自分の内面の光で勝負できないのかっていうこと。だから、『なんでそんな言動に及んでしまう程度の軽い男なのか』『なんでこんな実績しかねぇのにかいかぶっちゃうのか』って、その根っこの部分を納得させるように話して、価値観を植えつけて、こっちを向かせて、やっとグラウンドの上に立たせる。これが一番大変な部分で、それがみんなできない。だから、表面的な方向、戦術だの戦略だの選手集めだのって方向にいっちゃうんだよね」

斎藤監督が選手を評価する基準は、監督就任直後からぶれていない。「野球がうまいかどうかよりも、人として強いかどうか」。「勝つ資格がある人間かどうか」。ルールはルール。ダメなものはダメ。そこに野球の能力は関係ないのだ。そしてこれは、横山博英部長、石田安広コーチ、堺了コーチ、岩永圭司コーチら他の聖光学院のスタッフの共通認識にもなっている。

「これだけ人だ、人だと言ってるのに、試合に勝つために選手に迎合して、機嫌を取ってやることは絶対しない。それって選手もわかるよね。『結局、なんだかんだ言って、力じゃん。あいつ裏でこんなことやってるのに使ってんじゃん』っていうのがあったら、それが一番信頼失うことになる」

そう話すのが横山部長だ。部内のルールに関してもっとも厳しい存在といってもいい。携帯電話、スマートフォン関連に疎い斎藤監督に代わり、厳しくチェックする。近年スマホの使用を認めたが、動画視聴等で時間を浪費しないために〝ギガ制限〟を設けている。

どれだけ話をしても、所詮は高校生。品行方正であるはずがない。ルールも破る。だからこそ、指導者が手を抜いてはいけない。横山部長は続ける。

「基準って毎年下がるんですよ。甲子園でベスト4になったからといって、全部が完璧であるはずがない。でも、下の世代っていうのは、『先輩たちはこうやってたよな。これオッケーだったよな』というのを見るんだから。巨人の原（辰徳）監督が『勝ち続けるチームは必ず弱くなる』って言ってましたけど、それ、よくわかりますよね。弱くならないように、下級生のときに、ある意味では防波堤になる人が必要なんじゃないか。それが僕であり、堺、岩永である気がするんですけどね」

自分たちのペースでやれているとき、調子のいいときは誰でも結果が出る。問題は、苦しいとき、思うようにいかないときだ。そんなときこそ、人間は素が出る。自分に甘い選手は、それがプレーに表れる。それが負ける原因になる。

「甲子園目指して頑張ってるけど、教室をのぞいたらみんな寝てますなんてことがあったら、こっちも冷めちゃう。『なんだ、こいつら。お前ら勝たせたくないよ。お前らなんて知らないよ』ってなるじゃないですか。逆にいえば、子供たちがそういうことを一生懸命やっているとオレらも応援できる。最後、夏の大会になったときに、心の底から『お前ら頑張れ。甲子園に行ってほしい』と思いたいじゃないですか。そう思うためには、聖光学院としての価値観を我々が持つこと。そうでなかったときに、ちゃんとダメ出しをしてあげること。最後は本物しか残らないと思うんで」

細かいことまでいちいち言うのは骨が折れる作業だ。選手たちにはウザがられる。野球以外の些細なことに時間を取られるぐらいなら、グラウンドで練習しているほうがよっぽど楽だ。いくら心の指導をしても、心は目に見えない。成果が見えないなら、目に見えて変わる体や技術の指導を優先したほうがいい。そう思ってしまう指導者が大半だ。だが、聖光学院は違う。徹底的に基礎、基本、土台づくりに時間をかける。

「そういうところって、一番疲れる指導なんだよね。『なんで聖光学院は負けないんですか』って訊かれることがあるけど、それは指導者が一番疲れる指導を粘っこくやってるからだと思いますよ」

目に見えない基礎に時間をかけられるのだから、野球でも基礎に時間をかけられる。Bチームを預かる横山部長が大事にするのはキャッチボールだ。

「ファンブルのミスなんて絶対みんなするんだよね。サードランナーがいて、エラーで点取られるのはある程度しょうがない。負けるのはスローイングミスなんだよね。大敗するケースはスローイングミスが絡む。じゃあ、そういうチームがどういうキャッチボールをやってるのかというと、すごく雑だよね。ちゃんとやってない。そこを指導してないんだよね。股関節の使い方、グローブの使い方、ボールの握り替え……。かなり粘り強く言うよね。ただ捕って、ただ投げる肩慣らしで終わっちゃってる例がすごく多い。パッと握り替えないでボールをグローブに入れている時間が長いとか、足もステップしないで投げるとか、バックステップしたりとか。そういうことをちゃんとやってなくて、ノックのときだけ『いいボール投げろ』と言ったっていかないよね。とにかくボールを捕ったら早く握り替えろ、早くボールを放せ、いろんなことを想定して投げろってやらないと」

当たり前だが、指導とは面倒くさいことばかり。成果を上げるには、面倒くさいことを妥協せずやれるか、やり続けられるかどうかしかないのだ。

近年は〝コスパ（コストパフォーマンス）〟、〝タイパ（タイムパフォーマンス）〟という言葉が盛んに使われるようになった。どれだけお金や時間をかけずに結果を出すか。余計なことに時間をかけず、ショートカットし、できるだけ短い時間で結果を出したい。そんな人が増えている。

そんな時代に、話のネタや内容を変え、3時間のミーティングや勉強会を当たり前にできる人がどれだけいるだろうか。2週間もグラウンドから離れ、選手たちが気づくのを待てる人がどれだけいるだろうか。こんなに効率の悪いことはない。〝コスパ〟も〝タイパ〟も最悪といっていいだろう。

だからこそ、それができる人は結果が出る。それができる組織は強さが持続する。斎藤監督が選手たちに求めてきたのは「ピンチでもチャンスでも一切変わらない。相手がびっくりするぐらい動じない心、ビビらない心、潔い心を持つこと」。一人の男として勝負できる、聖光学院魂を持った人間になることだ。そのために、どれだけ広く深く根っこを張り巡らすことができるか。どれだけ見えない部分を大事にできるか。斎藤監督は言う。

「指導者として、根っこをつくるのが一番難しいところだよね。みんな枝とか花を欲しがって根っこの部分をねちっこくやらない。でも、根っこが育つと木は育つし、枝も出てくるんだよね。そうやって一歩一歩、亀のように歩んできたら、心の部分でここまで来た。人としての使命を果たすとか、生き様ということに気づいたら、とてつもなく人も変わったし、チームも変わったし、結果も変わった」

S＝聖光学院が、D＝発展することを、G＝ゴールにしてきた結果、福島県内での公式戦95連勝や戦後最長の13年連続夏の甲子園出場など、まさにSDGs＝持続可能な開発目標を達成できる組織に成長した。

すぐに結果を求める時代だからこそ、すぐに結果を求めない。地道にコツコツ大事なことを伝え続ける。農作業のように手を抜かず、手間ひまをかけ、じっくり育てる。それが、持続可能を実現する斎藤野球なのだ。

２０２３年３月

田尻賢誉

斎藤智也　甲子園監督成績

2001年（平成13年）夏	1回戦	●	0対20	明豊（大分）	
2004年（平成16年）夏	1回戦	○	6対0	鳥取商（鳥取）	
	2回戦	○	8対4	市和歌山商（和歌山）	
	3回戦	●	8対9	東海大甲府（山梨）	
2005年（平成17年）夏	1回戦	○	11対0	佐賀商（佐賀）	
	2回戦	●	2対3	桐光学園（神奈川）	
2007年（平成19年）春	1回戦	●	2対4	市川（兵庫）	
2007年（平成19年）夏	1回戦	○	11対7	岩国（山口）	
	2回戦	○	6対4	青森山田（青森）	
	3回戦	●	2対8	広陵（広島）	
2008年（平成20年）春	2回戦	●	0対1	沖縄尚学（沖縄）	
2008年（平成20年）夏	2回戦	○	9対2	加古川北（西兵庫）	
	3回戦	○	5対2	市岐阜商（岐阜）	
	準々決勝	●	1対15	横浜（南神奈川）	
2009年（平成21年）夏	2回戦	●	3対6	ＰＬ学園（大阪）	
2010年（平成22年）夏	2回戦	○	1対0	広陵（広島）	
	3回戦	○	5対2	履正社（大阪）	
	準々決勝	●	3対10	興南（沖縄）	
2011年（平成23年）夏	1回戦	○	5対4	日南学園（宮崎）	延長10回
	2回戦	●	2対4	金沢（石川）	
2012年（平成24年）春	1回戦	○	2対0	鳥羽（京都）	
	2回戦	●	1対7	横浜（神奈川）	
2012年（平成24年）夏	1回戦	○	2対1	日大三（西東京）	
	2回戦	●	4対11	浦和学院（埼玉）	
2013年（平成25年）春	2回戦	○	8対0	益田翔陽（島根）	
	3回戦	○	4対3	鳴門（徳島）	
	準々決勝	●	3対9	敦賀気比（福井）	
2013年（平成25年）夏	1回戦	○	4対3	愛工大名電（愛知）	
	2回戦	●	1対2	福井商（福井）	
2014年（平成26年）夏	1回戦	○	2対1	神戸国際大付（兵庫）	
	2回戦	○	4対2	佐久長聖（長野）	
	3回戦	○	2対1	近江（滋賀）	
	準々決勝	●	1対5	日本文理（新潟）	
2015年（平成27年）夏	2回戦	●	1対6	東海大相模（神奈川）	
2016年（平成28年）夏	2回戦	○	5対3	クラーク国際（北北海道）	
	3回戦	○	5対2	東邦（愛知）	
	準々決勝	●	3対7	北海（南北海道）	
2017年（平成29年）夏	1回戦	○	6対0	おかやま山陽（岡山）	
	2回戦	○	5対4	聖心ウルスラ（宮崎）	
	3回戦	●	4対6	広陵（広島）	

2018年（平成30年）春	1回戦	○	5対3	東筑（福岡）
	2回戦	●	3対12	東海大相模（神奈川）
2018年（平成30年）夏	2回戦	●	2対3	報徳学園（東兵庫）
2019年（令和元年）夏	2回戦	●	2対3	海星（長崎）
2022年（令和4年）春	1回戦	○	9対3	二松学舎大付（東京）
	2回戦	●	2対7	近江（滋賀）
2022年（令和4年）夏	1回戦	○	4対2	日大三（西東京）
	2回戦	○	3対2	横浜（神奈川）
	3回戦	○	8対1	敦賀気比（福井）
	準々決勝	○	10対5	九州学院（熊本）
	準決勝	●	4対18	仙台育英（宮城）

斎藤監督と横山部長

斎藤智也 さいとう・ともや

1963年6月1日生まれ、福島県福島市出身。
福島高では投手兼外野手で主将を務め、仙台大では外野手で副主将。
87年4月に聖光学院高に保健体育科教諭として赴任。
以来12年間、野球部部長を務めたのち99年9月、36歳のときに監督就任。
2001年夏に同校を甲子園初出場に導く。
07年から19年にかけて、戦後最長となる13年連続甲子園出場。
22年夏には初の4強入りを果たした。
「不動心」をチームのモットーに掲げ、
人間力を培い、心を一つにする組織づくりに邁進している。

田尻賢誉 たじり・まさたか

スポーツジャーナリスト。1975年12月31日、神戸市生まれ。学習院大卒業後、ラジオ局勤務を経てスポーツジャーナリストに。高校野球の徹底した現場取材に定評がある。『智弁和歌山・髙嶋仁のセオリー』、『日大三高・小倉全由のセオリー』『龍谷大平安・原田英彦のセオリー』『明徳義塾・馬淵史郎のセオリー』『広陵・中井哲之のセオリー』(小社刊)ほか著書多数。講演活動も行っている。「甲子園に近づくメルマガ」を好評配信中。無料版はQRコードを読み取って空メールで購読可能、有料版はQRコードを読み取って登録を。Voicy、オンラインサロンへの登録もおすすめ。

タジケンの
無料メルマガは
こちらから

タジケンの
有料メルマガは
こちらから

タジケンの
Voicyは
こちらから

タジケンの
オンラインサロンは
こちらから

聖光学院《せいこうがくいん》・斎藤智也《さいとうともや》のセオリー

価値観《かちかん》をそろえ負《ま》けない法則《ほうそく》60

2023年3月25日　第1版第1刷発行

著　者　田尻賢誉《たじりまさたか》
発行者　池田哲雄
発行所　株式会社ベースボール・マガジン社
〒103-8482 東京都中央区日本橋浜町2-61-9 TIE浜町ビル
電話 03-5643-3930(販売部)
03-5643-3885(出版部)
振替 00180-6-46620
https://www.bbm-japan.com/

印刷・製本　広研印刷株式会社

ISBN978-4-583-11587-0 C0075
JASRAC 出 2301425-301